SALUT LES FILLES

Collection dirigée par Véronique Corgibet

Réalisation graphique : Clémence Courot

ISBN : 978-2-7324-8076-3
Dépôt légal : mars 2017

www.lamartinierejeunesse.fr
www.lamartinieregroupe.com

SALUT
LES FILLES

Textes de Véronique Corgibet, Patricia Goralézyk,
Aurore Meyer et Nadia Mila

Illustrations de Sophie Bouxom

De La Martinière
Jeunesse

I ♥ MOI

SOMMAIRE

citoyenne!
SHOPPING
best friends
SPORT
SANTÉ
LOVE
école
ÉCOLOGIE

Toi, forcément unique… et (peut-être) géniale

Bien DANS TA PEAU

LA *fille* TOP, C'EST *toi*

Mais si, tu es déjà presque parfaite ! Tu en doutes ? Alors apprends à mieux te connaître : cheveux, visage et couleurs, de vrais trucs te permettront d'éviter les faux pas.

Quelle coiffure pour quel visage ?

Visage rond : porte des cheveux lisses et plutôt longs. Évite les mèches bouclées et la frange horizontale.

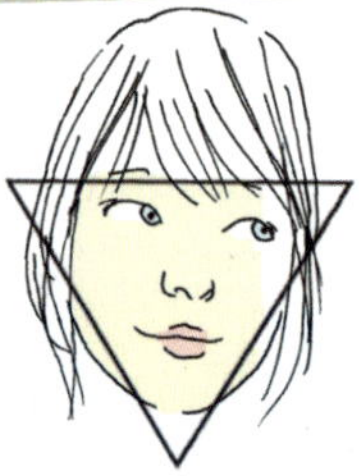

Visage triangulaire : privilégie les chevelures longues et détachées pour affiner le haut de ton visage.

Visage ovale : chignon, queue de cheval ou détachés, raides ou bouclés, toutes les coupes te conviennent. Profites-en !

Visage carré : évite la queue de cheval, qui durcit ton visage. Le top : une coupe carrée qui descend sous le menton avec des mèches dégradées sur les joues et une frange dentelée sur le front.

Bonnes couleurs = styles parfaits

Blonde à la peau claire ? Privilégie les couleurs douces : des roses, des bleus, des vert clair. Complète avec du gris ou du marron.

Châtain ou rousse à la peau claire ? Insiste sur les couleurs fortes : jaune, orange ou vert mélangé avec du violet.

Brune à la peau métissée ou noire ? Casse les couleurs fortes : fuchsia, rouge ou vert, avec des blancs ou des beiges.

Châtain à la peau mate ? Joue sur les contrastes : des rouges avec des beiges, des verts avec des marrons ou des orangés.

Truc indispensable pour garder un sourire de star

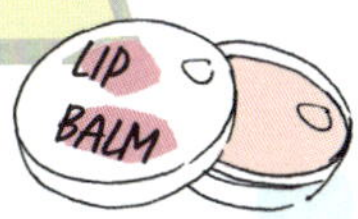

Tes lèvres détestent le froid et le vent. Elles se dessèchent et peuvent même se fendiller. D'abord, évite de mouiller tes lèvres, la salive va s'évaporer et tes lèvres se dessécher encore plus. Pense à les nourrir avec un baume hydratant plusieurs fois par jour.

RECETTE 100 % NATURELLE D'UN BAUME POUR LES LÈVRES

Mélange le jus de 1/2 citron dans 1 yaourt nature et applique généreusement cette crème maison sur ta bouche. Laisse pauser 15 minutes puis rince à l'eau tiède. Tes lèvres retrouveront toute leur souplesse.

NICKEL en un clin D'ŒIL

**Pas question de faire l'impasse sur l'hygiène,
une fille géniale est toujours impeccable !**

Les basiques : ça va de soi, mais c'est mieux de le faire...

➔ La douche 1 fois par jour (2 fois si tu fais du sport ou s'il fait chaud, c'est divin), les cheveux toujours propres (TOUJOURS !), les mains lavées (au moins avant chaque repas et après le passage aux toilettes, INDISPENSABLE), les dents aussi (matin et soir en 3 minutes, et brossage vertical, de la gencive vers la dent).

➔ Change de sous-vêtements (en coton) et de chaussettes chaque jour.

SOS peau sèche : petits gestes pour avoir la peau douce et qui ne pique pas

➔ Évite les bains prolongés, prends plutôt une douche. Et pas d'eau trop chaude.

➔ Utilise un gel douche très doux. Oublie les savons qui décapent !

➔ Ne te frotte pas trop fort avec ta serviette pour te sécher.

➔ Termine avec une crème hydratante pour le corps.

Des mains presque parfaites

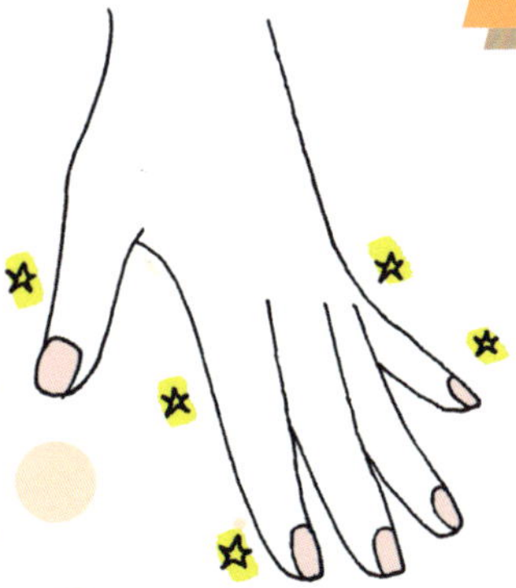

➜ Des ongles nickel : coupe-les en commençant par le centre. Ne taille pas les coins en biais mais en « carré » pour éviter qu'ils rentrent dans ta peau en repoussant. Sinon, aïe aïe aïe ! promesse d'un ongle incarné...

➜ N'arrache pas les petites peaux autour des ongles. Cela provoque un panaris : ton bout du doigt rougit et une douleur forte s'installe.

Le truc de la fille au top : réserve le vernis à ongles aux soirées spéciales (Noël, anniversaire ou fête) et aux vacances. C'est tout ! Et retire-le dès qu'il s'écaille avec un dissolvant sans acétone. Les autres jours, pose une base protectrice qui les fera briller !

Cheveux de fée

➜ Lave tes cheveux avec un shampoing doux. Termine par un après-shampoing pour faciliter le démêlage. Sèche-les au séchoir si besoin mais bascule la tête en bas pour refermer les écailles qui recouvrent tes cheveux comme les tuiles d'un toit, c'est le secret de la brillance.

Recette de la fille au top : pour remplacer ton shampoing, bats 1 jaune d'œuf dans 2 cuillerées à soupe de rhum roux. Cela rend tes cheveux incroyablement doux et brillants.

TON atout FORME : ton corps

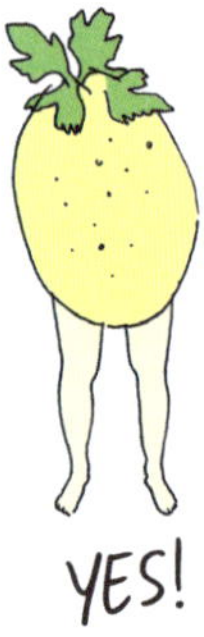

Être une fille géniale, c'est d'abord avoir un corps au top, car sans un corps sain, point de salut !

Le minimum syndical

Mange 3 fois par jour. Pour tenir la top forme, ne saute aucun repas.

Bois beaucoup. La seule boisson indispensable, c'est l'eau : au moins 1,5 litre par jour.

Bouge-toi ! Tu renforceras ton cœur et ta capacité pulmonaire augmentera. Résultat : bonne humeur et cerveau bien oxygéné.

Un petit tour chez les spécialistes : au moins 1 fois par an pour contrôler tes dents et ta vue.

LE PETIT TRUC POUR ÊTRE EN FORME :
Juste avant de te lever le matin, étire-toi comme un chat. Puis saute de ton lit !

Astuces et diététique

À manger sans modération

Fonce sur tous les aliments hauts en couleur, ils sont bourrés de vitamines : carottes, tomates, haricots verts, betteraves. Et pour les apprécier vraiment, consomme-les en smoothie (mixe les légumes verts avec des pommes ou des bananes).

À réserver aux jours de fête

- Les sodas : trop sucrés.
- Les sauces à base de mayonnaise (béarnaise, tartare) : trop grasses.
- Les plats tout prêts : trop salés et trop gras.

Pas question de te priver, alors remplace :

- les céréales au lait entier par du muesli au lait écrémé,
- les frites à la mayonnaise par des pommes de terre au beurre frais et à la moutarde,
- la baguette de pain blanc par du pain complet.

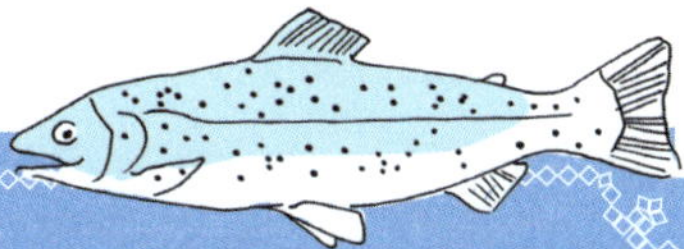

UN MENU ÉQUILIBRÉ, À QUOI ÇA RESSEMBLE ?

LE MIDI : crudités (tomates crues avec filet d'huile d'olive et persil), filet de poisson avec haricots verts et pâtes fraîches, une part de fromage (type emmental) et fruits frais à la cannelle ou à la fleur d'oranger.

LE SOIR : soupe ou salade verte, omelette à la ratatouille, fromage blanc et compote de pommes.

UN PETIT CREUX dans la matinée ? Plutôt que de craquer pour une barre chocolatée, croque une pomme.

LE *vrai / faux* de L'ALIMENTATION

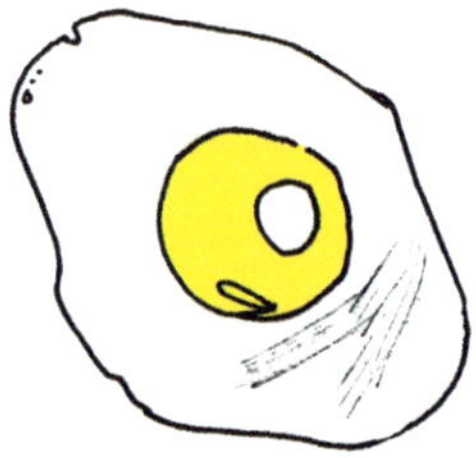

Il n'existe pas de maladies de l'alimentation.

FAUX : les personnes qui souffrent d'anorexie mentale contrôlent la quantité de nourriture qui entre dans leur corps. La boulimie consiste à avaler des quantités excessives de nourriture.

Que faire si tu ne te sens pas bien dans ton nouveau corps ?

Ton corps change et tu ne te reconnais plus. Tu te sens moins belle, plus ronde ou trop maigre, cela te désoriente.

- Ton poids idéal est celui dans lequel tu te sens bien. Ne te compare pas aux top-modèles ! Comme leurs photos sont pratiquement toujours retouchées, il y a un décalage.
- Ne te pèse pas chaque jour.
- Ne prends pas ton corps en grippe : il n'a pas fini de changer.
- Ta personnalité est mille fois plus importante que ton apparence extérieure.
- Et si tu souhaites mieux équilibrer ton alimentation, **VA VOIR UN MÉDECIN OU UN NUTRITIONNISTE.**

Vrai ou faux

Tu dois éviter de manger gras et sucré.

FAUX si tu fais du sport régulièrement.
VRAI si tu as une vie plutôt sédentaire.

♥ ♥ ♥ ♥ ♥ ♥ ♥ ♥ ♥ ♥ ♥ ♥ ♥ ♥ ♥ ♥ ♥ ♥

Il faut boire au moins 6 verres d'eau par jour.

VRAI : le corps a besoin d'eau en plus de celle contenue dans les aliments.

♥ ♥ ♥ ♥ ♥ ♥ ♥ ♥ ♥ ♥ ♥ ♥ ♥ ♥ ♥ ♥ ♥ ♥

Tu dois manger de tout.

VRAI : en période de croissance, ne supprime aucun aliment : tous aident au bon fonctionnement de ton corps.

Bouge !

Ton corps, un bien précieux.

A COMME APAISER

Le sport t'aide à apaiser tes sautes d'humeur et les douleurs liées à tes règles.

B COMME BOUGER EN SÉCURITÉ

Bouger, oui, mais en toute sécurité. Ton corps est plus lourd et sollicite plus de muscles. Alors ne zappe pas ton échauffement.

C COMME CŒUR

Ton cœur aussi est en pleine croissance. Faire du sport t'aidera à augmenter la capacité de cet organe et lui permettra de mieux fonctionner.

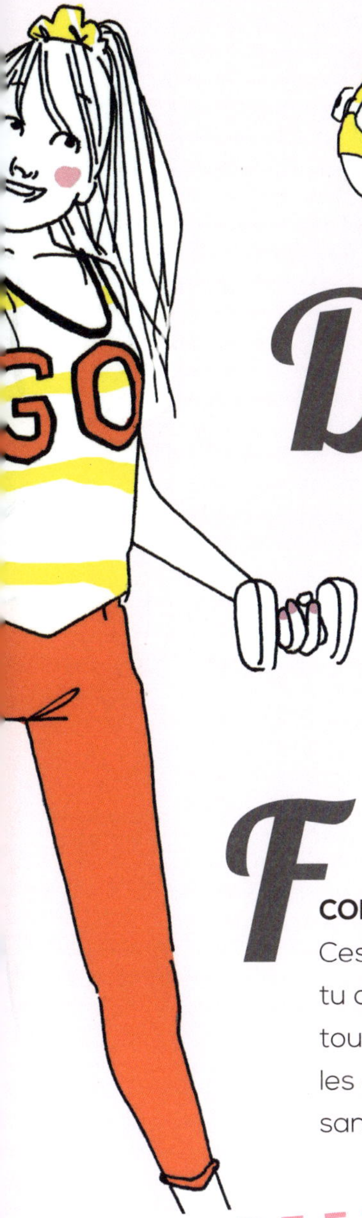

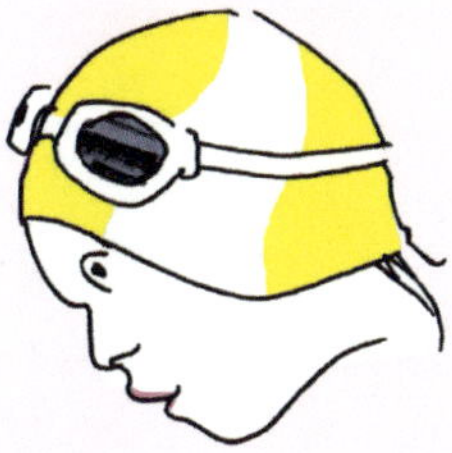

D COMME DANSE OU…

Danse, yoga, athlétisme ou volley… peu importe le sport que tu pratiques. Testes-en plusieurs, mais une fois que tu seras inscrite, n'abandonne pas avant d'en avoir exploré tous les intérêts.

E COMME EXERCICE

L'exercice t'aide à garder un poids idéal.

F COMME FUTUR

Ces bonnes habitudes que tu donnes à ton corps te suivront toute ta vie. Tu lui offres toutes les chances d'être en meilleur santé plus tard.

Le sais-tu ?

Certaines filles font trop de sport. Elles risquent de ne plus pouvoir s'en passer. Et cette accoutumance est parfois liée à une maladie de l'alimentation : l'anorexie, celle qui vise à contrôler son corps.

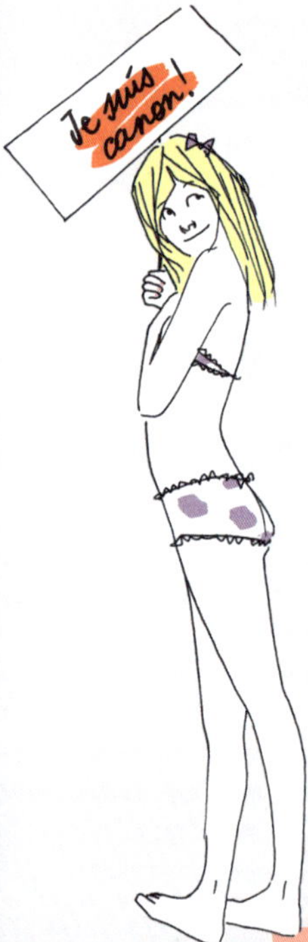

Objectif ZÉRO complexe

Ce petit défaut qui te saute aux yeux quand tu te regardes dans la glace vient contrecarrer l'image idéale que tu t'es créée. Sans lui, tu imagines que ta vie serait parfaite. Mais est-ce si sûr ?

Fais de tes petits défauts de grandes qualités.

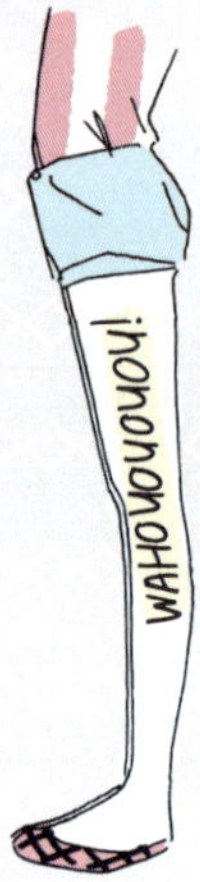

Tes jambes sont trop longues ? Mets-les en valeur en portant des jupes courtes et des ballerines.

Tu te trouves petite ? Ne te perche pas sur des chaussures à semelles épaisses, assume ton petit gabarit, mais surtout porte des vêtements de fille de ton âge et pas de gamine de 6 ans.

Tu as un grand front ? Ne le cache pas derrière une frange épaisse et droite ! Adopte plutôt une frange « mitée » (taillée en pointes irrégulières) ou coupe-la en biais (courte du côté de ta raie et longue de l'autre côté de ton visage). Ce sera doux et féminin.

Tu focalises sur tes cheveux roux ? Montre-les : coupe moderne et rinçage après le shampoing avec de l'eau fraîche additionnée d'un jus de citron – brillance garantie. Tout le monde enviera leur éclat.

Réparer ses défauts ? C'est possible, à toi de jouer.

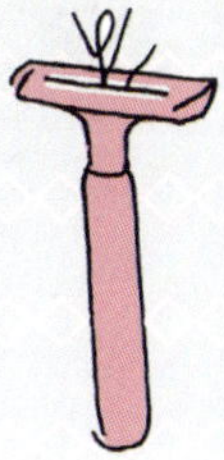

Tu es excessivement poilue ? Pars à la chasse aux poils avec les conseils d'un dermatologue.
Tu es trop maigre ? Inutile de te goinfrer. Fais plutôt du sport : cela te permettra d'augmenter ta masse musculaire et d'étoffer ainsi ta silhouette.
Tu te trouves trop grosse ? Connais-tu ton IMC (indice de masse corporelle) ? C'est un nombre qui se calcule à partir de ton poids, ta taille et ton âge. Ton médecin t'aidera à le calculer et vérifiera s'il est préoccupant. Et il te donnera de bons tuyaux !

Mets en avant tes atouts charme.

La beauté n'est pas que dans le dessin d'un visage, mais dans la grâce et la délicatesse d'une personne. Elle se trouve en fait dans les gestes, les expressions, les attitudes. C'est tout !

- Tu es unique et donc *forcément* « extra-ordinaire ». Ne l'oublie jamais.
- Fais la liste de tes qualités : tu en as *forcément* des tonnes ! Et affiche-les sur le miroir de ta salle de bains.
- Es-tu sûre de t'habiller à ton avantage ? Pas *forcément*...
- Accepte d'être juste « normale » et pas complètement parfaite. Tu seras *forcément* géniale parce qu'heureuse d'être comme tu es.

Le sais-tu ?

Même les top models ont des complexes !

Ton LOOK : LE jean GAGNANT !

Le jean, c'est LA pièce indispensable de ta garde-robe. Slim, boyfriend ou flare, en piste pour trouver celui qui te convient parfaitement !

Le jean qui te va...

TU ES PETITE : LE SLIM

Facile à enfiler, ce chouchou convient à toutes et il allongera tes gambettes si tu le portes court sur les chevilles.

Le truc en plus : choisis un modèle avec des petites poches centrales arrière pour diminuer le volume des fesses ou des grandes poches écartées pour relever un popotin un peu plat.

Total look parfait : serre-tête, ballerines et petit foulard pour un look girly sophistiqué.

Le sais-tu ?

Un jean, ça ne se prête pas ! Ce n'est pas parce que son jean rend Salomé bellissime qu'il sera sublime sur toi ou sur Sonia.

TU AS LES JAMBES RONDES : LE FLARE OU LE BOOTCUT

Adopte ces jeans larges sur les chevilles, ils allongeront ta silhouette. Le flare s'évase sous les fesses et le bootcut à partir des genoux.
Le truc en plus : en version taille haute, il aplatit le ventre.
Total look parfait : gros foulard type chèche, top fleuri et « barrettes fleurs » dans les cheveux pour un look seventies romantique.

TU AS DES HANCHES LARGES : LE BOYFRIEND

Comme son nom l'indique, c'est le jean qui a l'air de sortir de l'armoire d'un garçon. Coupe droite, il est un peu ample, avec un joli tombé sur les hanches si tu ne le choisis pas trop grand.
Le truc en plus : descends-le sur les hanches et replie l'ourlet sur les chevilles.
Total look parfait : petit haut près du corps pour alléger ta silhouette de fille branchée. Et complète ton look avec un teddy, ce blouson de base-ball américain.

ET SI TU ES PETITE AVEC DES HANCHES LARGES... ?

Le boyfriend sera ton meilleur ami !

les MARQUES, TU craques

Avec les marques, tu prends le risque de ressembler à tes amies. Être habillée comme elles, c'est faire partie de leur monde. Mais une fille géniale sait ajouter une touche personnelle à cette uniformité.

Comment te démarquer ?

Fais un test avec tes amies. Rendez-vous au centre commercial pour n'essayer que des habits, sacs et baskets sans marques visibles de l'extérieur... Challenge réussi ? Filles géniales remarquées !

Jeu « marque/démarque »

Essaie de copier un look que tu as repéré sur un magazine mais en proscrivant toute marque :
le vrai look sans le prix !

ADOPTER les marques

Pour ou Contre

Pour

- T'habiller comme tout le monde, c'est rassurant.
- Tu te trouves moins ringarde dans les vêtements que tes amies aiment aussi.
- Les marques sont visibles sur les vêtements et c'est valorisant de les afficher.
- Tu as repéré une marque qui te correspond, c'est plus simple d'y revenir pour tes prochains achats.

Contre

- Acheter des vêtements de marque, cela coûte plus cher évidemment.
- Tu ne peux pas tout mettre : certaines marques ne te vont pas du tout et ça t'agace.
- Tu ressembles à tout le monde.

Que fait une fille géniale ?

Elle se moque des étiquettes et elle ajoute sa touche personnelle en customisant ses vêtements. Mieux : elle lance les modes en créant son propre style. Elle finit même par être copiée !

TA chambre IDÉALE

Que tu sois miss rangement ou miss bazar, ta chambre doit être parfaite, c'est-à-dire celle dans laquelle tu te sens vraiment bien.

Ta chambre : la vitrine d'une fille déjà géniale

• Ne jette pas les tickets de cinéma, de parc d'attractions ou d'expo, les places de concert… Colle-les sur une grande feuille de papier cadeau et affiche ce poster original.

• Plante 4 petits clous pour tendre 2 fils dans un angle de ta chambre. Accroche des photos avec des pinces à linge. Sur un fil : tes amis. Sur l'autre : ta famille.

• Collectionne les sacs de shopping : trop jolis pour être jetés après les courses ! Pends-les à la poignée de ta porte ou sur un pan de mur avec des punaises de couleur. Utilise-les pour ranger tes bracelets, tes bagues ou tes chouchous.

• Expose les échantillons de parfum dans un vase transparent posé sur une étagère.

Coup de pouce pour transformer une chambre banale en chambre (presque) géniale

• Masque des murs défraîchis avec des tentures colorées : 3 clous suffisent.

• Ajoute une touche de rêve en accrochant une guirlande lumineuse autour du chambranle de ta porte.

• Repeins des meubles tristes avec de la peinture argentée brillante.

À BANNIR

• Refuse les lampes ou les coussins qui ne conviennent plus dans le salon : ta chambre n'est pas un débarras !

• Ne mélange pas les imprimés qui jurent ensemble : une couette à rayures, des oreillers à pois et des rideaux à carreaux, sauf s'ils sont dans la même gamme de couleur.

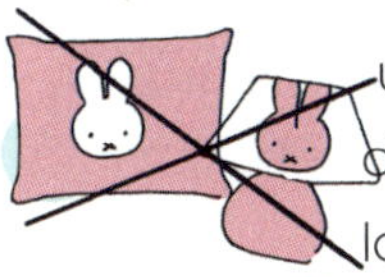

EN SOLO, EN DUO

Si tu partages ta chambre, aménage-toi un coin à toi. Isole-le avec un rideau et décore ton espace pour qu'il te ressemble.

OUSTE LA POUSSIÈRE, À BAS LE BAZAR!

Bien sûr, c'est la base : aère ta chambre chaque jour... 10 minutes suffisent. 1 fois par semaine, consacre une demi-heure maxi au rangement et termine en passant l'aspirateur.

LOISIRS en or pour FILLE en or

Tu aimes danser ? Tu dessines toute la journée ? Tu ne quittes jamais ta guitare ? C'est évident, tu es une vraie passionnée. Alors inscris-toi à des cours en dehors de l'école et tu donneras des ailes à ta passion.

4 bonnes raisons de suivre une activité

1 Tu vas partager ta passion avec d'autres passionnés.
2 Tu vas te faire de nouvelles copines en dehors de ta classe.
3 Tu vas faire une activité rien qu'à toi, différente de celle de tes frères et sœurs.
4 Tu vas découvrir une autre manière de t'exprimer.

Que fait une fille géniale

QUAND ELLE N'A RIEN À FAIRE ?

Elle rêve, elle dessine, elle lit, elle se promène, elle feuillette un magazine, elle bavarde, elle ne fait rien, et c'est super de temps en temps.

Pour quelle activité es-tu (vraiment) faite ?

Passion action : Pas question de rester vissée sur ton canapé ! Et si tu t'essayais aux cours de zumba, cette danse brésilienne dynamique qui te fera bouger sans te rebuter ?

Passion création : Tu aimes travailler de tes mains ? Tu es bourrée d'imagination ? Pourquoi ne pas t'inscrire à un atelier d'ikebana, cet art japonais de composition de bouquets ?

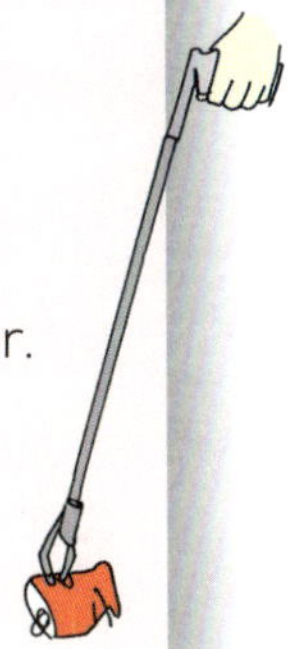

Passion nature : Tu as besoin de respirer au grand air ? Songe à l'entretien de jardins participatifs dans ton quartier. Le contact avec la terre et les plantes t'apportera de l'apaisement et t'apprendra à contrôler tes émotions.

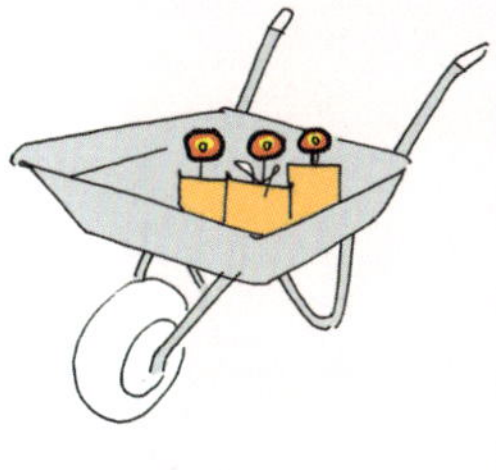

Passion verte : Tu t'enflammes pour les questions liées à l'environnement ? Rejoins des ateliers écologie pour aider à soigner des espèces en danger ou nettoyer ton quartier des détritus inutiles.

Passion numérique : Tu es la cousine de Bill Gates et de Steve Jobs réunis ? Les ateliers de jeux vidéo sont faits pour toi : inventer des scénarios, animer des super-héros, créer des décors en 3D… Tout un monde virtuel à portée de clic !

BIENTÔT la puberté

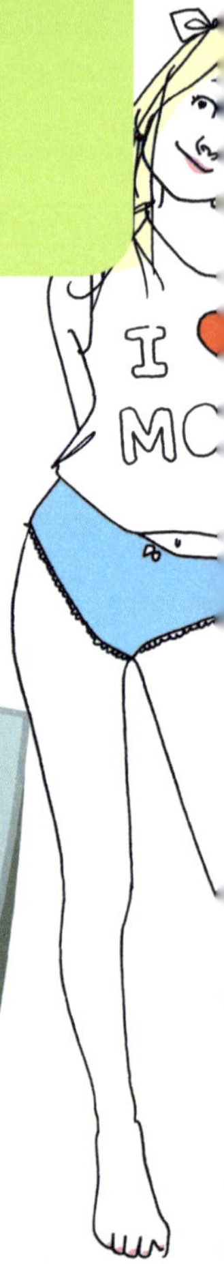

La puberté, ça arrive petit à petit, on a le temps de se sentir grandir. Ouf !

Zina, 10 ans.

Je sens bien que tout change dans mon corps, parfois je suis de très bonne humeur, comme si j'étais la personne la plus heureuse du monde. Mais parfois je me sens très triste et j'ai besoin de ne pas quitter mes amies ou ma grande sœur...

Lola, 12 ans.

Le collège l'année prochaine, puis le lycée dans 4 ans, c'est la promesse de faire de nouvelles rencontres, copines ou profs...

Lou, 11 ans.

Je gère presque toute seule mon argent de poche, c'est une responsabilité mais c'est aussi le début de la liberté !

Sophia, 12 ans.

Depuis ta naissance tu n'as cessé de grandir

À TA CONCEPTION :

Tout a commencé par une cellule, un ovule de ta mère fécondé par un spermatozoïde de ton père. Cette cellule s'est divisée en deux, puis en quatre, puis en huit, etc. 8 à 9 semaines plus tard, les organes sexuels se sont mis en place. Et pendant 38 semaines, tu as grandi dans le ventre de ta mère.

1

2

APRÈS TA NAISSANCE,

ton corps a continué de grandir.

3

À 7 MOIS,

tu tenais assise.

4

À 1 AN,

tu marchais à quatre pattes.

AUTOUR DE 18 MOIS,

tu te déplaçais sur tes deux pieds.

5

6

À 2 ANS,

tes bras et tes jambes se sont allongés.

7

À 4 ANS,

tu faisais du vélo.

8

À 10 ANS, TA CROISSANCE S'ACCÉLÈRE

et tu continueras à grandir jusqu'à tes 15 ans environ...

POURQUOI *une fille* *est* UNE FILLE ?

Le fœtus devient une fille 8 ou 9 semaines après sa conception. Ses organes sexuels se forment et dans ses ovaires il y a déjà tous les ovules que cette future femme produira dans sa vie.

Le sais-tu ?

Depuis toujours, il naît 105 garçons pour 100 filles.

ÊTRE UNE FILLE, C'EST SE SENTIR FILLE.

Car le sexe que l'on porte ne suffit pas à se déterminer sexuellement. On peut se sentir fille dans un corps de garçon ou garçon dans un corps de fille.

LES 4 INDISPENSABLES

qui font qu'une fille est une fille

LES HORMONES QUI CIRCULENT DANS TON CORPS :
Les hormones sexuelles, les œstrogènes et la progestérone, sont spécifiques aux filles.

TES ORGANES SEXUELS :
Les organes sexuels des filles sont en grande partie à l'intérieur de leur corps (vagin, utérus, ovaires, etc., sont invisibles).

LE CERVEAU :
Ta puberté débute dans une région de ton cerveau : l'hypothalamus. Il commande à une glande, l'hypophyse, de produire des hormones. Leur mission : réveiller tes organes sexuels.

LES CHROMOSOMES SEXUELS :
Le noyau de chaque cellule de ton corps contient 23 paires de chromosomes. L'une d'elles est dédiée à ton sexe. Si tu es une fille, tu portes deux chromosomes X.

ta SILHOUETTE VA changer, IL va falloir T'HABITUER

Chez les femmes, après la puberté, on distingue 4 sortes de silhouettes... Laquelle te ressemblera ?

LE SABLIER
Taille fine, hanches et épaules larges.

LA POIRE
Épaules fines, hanches et cuisses larges.

LA POMME
Poitrine et ventre ronds, jambes fines.

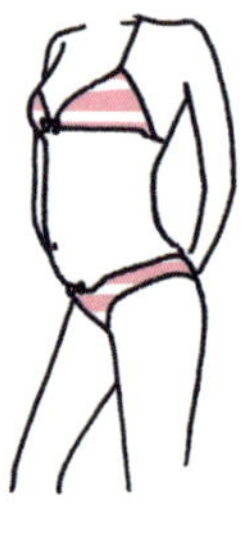

LE TUBE
Poitrine, taille et hanches de la même largeur.

À partir de la puberté, les courbes de croissance des filles et des garçons vont s'écarter. Les filles entament d'abord leur puberté. 2 ans plus tard, c'est au tour des garçons.

Après la puberté, le corps des hommes suit à peu près 3 modèles. Sauras-tu les repérer ?

LE TRIANGLE

Épaules larges, taille fine et hanches étroites. C'est monsieur muscles.

LE RECTANGLE

Corps mince, bras et jambes longs, épaules étroites. C'est monsieur fin.

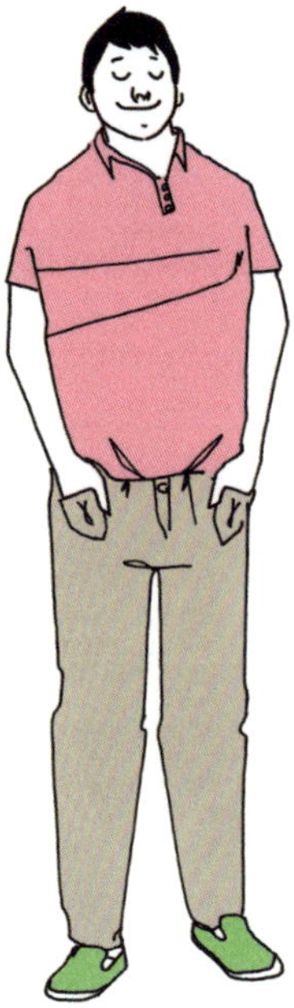

LE ROND

Taille large, silhouette massive. C'est monsieur costaud.

Attention, ces modèles sont très caricaturaux. En fonction des gènes issus des parents, chacun aura un corps plus ou moins proche d'un de ces modèles.

Préado ou ADO, où en es-tu ?

Des petits signes dans ton corps et dans ta tête peuvent te montrer que ta puberté arrive.

Quiz

Es-tu entrée dans la puberté ?

Réponds par oui ou par non :

oui	non	
☒	☐	**Tes seins ont-ils commencé à gonfler ?**
☒	☐	**Des poils sont-ils apparus sur ton pubis ?**
☒	☐	**As-tu des poils sur les aisselles ?**
☐	☒	**As-tu déjà tes règles ?**
☒	☐	**Grandis-tu plus vite que d'habitude ?**

Peux-tu répondre OUI à au moins une de ces questions ?
Alors, ta puberté a commencé
et mettra 3 ou 4 ans à s'installer.

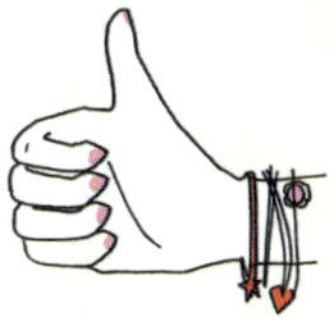

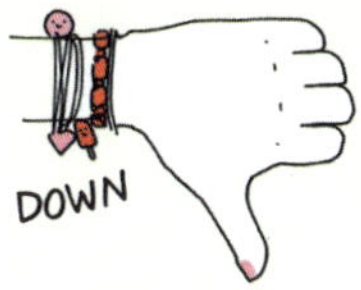

LA PUBERTÉ

galère ou chance ?

4 raisons de se 😄 réjouir :

• Tu perds ton corps d'enfant : ouste, la taille minus. Tu vas changer de garde-robe !

• Tu n'es pas la seule ! Tout le monde y passe.

• Tu as encore du temps devant toi avant de devenir adulte.

• Tu auras plus d'indépendance face à tes parents ou à tes professeurs.

4 raisons 🙁 de râler :

• Les boutons, les poils, les règles : quelle barbe !

• Aucune de tes copines n'entre dans la puberté au même âge et c'est agaçant !

• La puberté, c'est un peu long : de 3 à 5 ans.

• Tu es fatiguée, les émotions te submergent : pas facile à gérer tout ça !

Et dans ton cerveau ?

Si dans ton cerveau ça ne suit pas, pas de panique : ton cerveau et ton corps ne grandissent pas à la même vitesse.

1, 2, 3 LA puberté c'est PARTI

♥♥♥♥♥♥♥♥♥ ♥♥♥♥♥♥♥♥♥

Quand la puberté démarre, 7 grands moments vont se succéder dans ta vie. Pour bien les repérer, coche les moments qui te concernent déjà. ✓

♥♥♥♥♥♥♥♥♥ ♥♥♥♥♥♥♥♥♥

1

TU TE METS À GRANDIR PLUS VITE : ⊗
ta courbe de croissance va grimper en flèche. En 5 ans, tu vas grandir de 23 cm et tu vas grossir de 21 kilos en moyenne.

2

DES POILS APPARAISSENT : ○
d'abord sur ton sexe, puis sur tes aisselles, et enfin sur tes jambes.

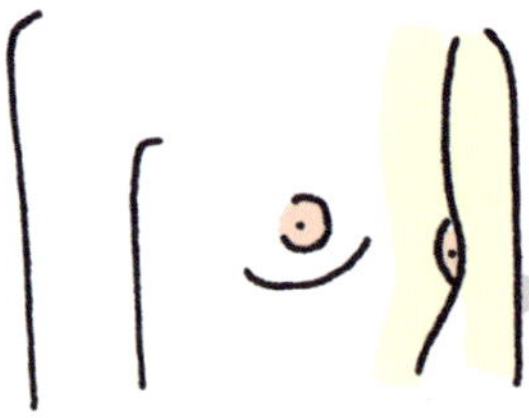

3

⊗ **LES SEINS SE DÉVELOPPENT :**
l'aréole, la partie colorée, va s'élargir et foncer, puis le sein s'arrondir et grossir.

4 TES RÈGLES PEUVENT SURVENIR À CHAQUE INSTANT :

leur cycle mettra plusieurs mois à se caler définitivement.

5 TA PEAU CHANGE :

elle est plus grasse, des boutons pourront apparaître : c'est l'acné.

6 TU TRANSPIRES PLUS ET L'ODEUR EST PLUS FORTE :

c'est le moment d'utiliser un déodorant !

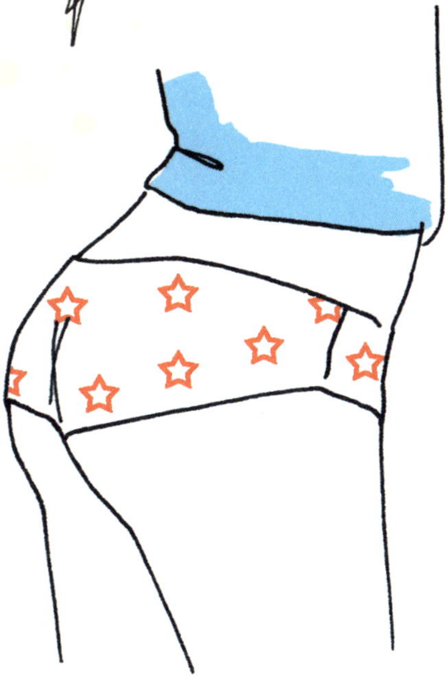

7 TU PRENDS DES FORMES :

tes hanches s'élargissent, tes fesses s'arrondissent, tes cuisses prennent du volume, ta nouvelle silhouette se dessine.

TES *seins*, DES ALLIÉS *pour la vie*

Les seins sont un des premiers signes d'entrée dans la puberté. Et comme ils sont juste devant toi, difficile de les cacher : alors, apprivoise-les !

La pousse en 5 étapes

Coche l'étape qui te concerne aujourd'hui.

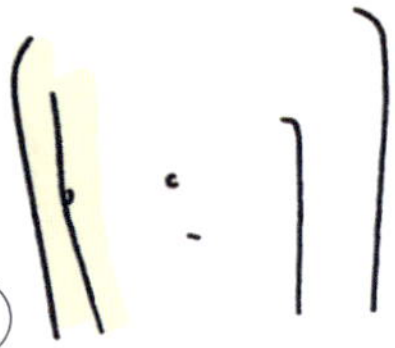

1 Tes seins sont plats. Ta puberté n'a pas encore commencé.

2 D'abord l'aréole, ce cercle foncé qui entoure la pointe de ton sein, s'élargit. En même temps, une petite boule apparaît sous le mamelon.

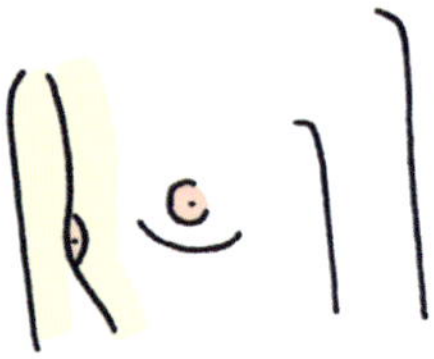

3 Seins et aréoles grandissent et la forme augmente.

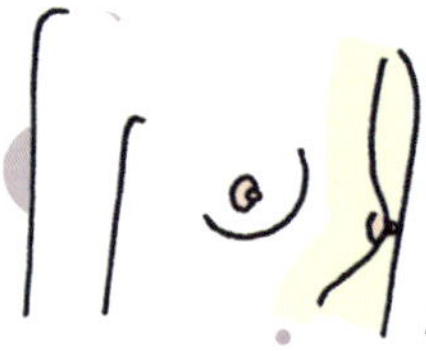

4 L'aréole et le mamelon commencent à pointer.

5 Tes seins ont atteint leur taille adulte, seul le mamelon pointe.

Chacune les siens !

Une façon de montrer que tu as grandi :

Bien sûr, cela te gêne qu'on te parle de tes seins. Alors, ignore les remarques si l'on t'en fait ! Mais ne les cache pas en rentrant ta poitrine ou en te voûtant, tu aurais mal au dos. Si tu préfères, porte des vêtements amples.

Ne les laisse pas tomber :

Ce ne sont pas des muscles : seule ta peau soutient tes seins. Alors, porte un soutien-gorge pour les maintenir en bonne position.

Les petits mots pour parler des seins :

Les lolos, les melons, les pastèques, les doudounes... Tu en connais d'autres ?

Chaque époque, sa mode !

Au XVIe siècle, le peintre allemand Lucas Cranach magnifie les femmes aux tout petits seins. En revanche, au XIXe siècle, les femmes d'Auguste Renoir ont des seins opulents et des formes rebondies.

Les organes sexuels des filles : on lève le voile

Les organes sexuels des filles sont difficiles à voir : alors penche-toi un peu sur toi et fais connaissance avec toi-même !

À quoi ressemble ton corps ?

Pas facile de savoir car tout se passe entre tes cuisses et ce n'est pas très visible. Alors, allonge-toi, prends un miroir et regarde ton sexe.

À L'EXTÉRIEUR

LES LÈVRES : ce sont des replis de peau qui recouvrent la vulve et protègent le clitoris, l'urètre et l'entrée du vagin.

LES POILS PUBIENS

LE CLITORIS : petit renflement rond et rouge, très sensible au toucher, de la taille d'un pois.

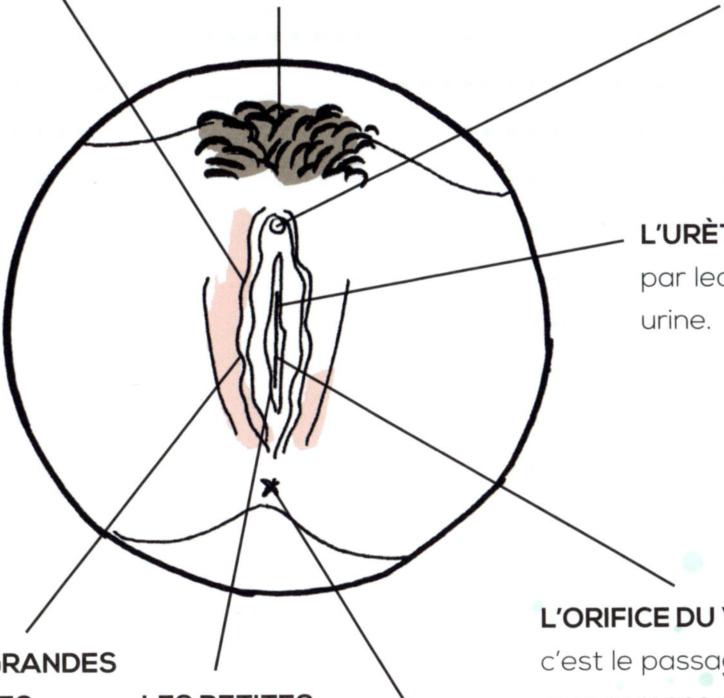

L'URÈTRE : c'est l'orifice par lequel s'écoule ton urine.

L'ORIFICE DU VAGIN : c'est le passage qui mène aux organes sexuels internes.

LES GRANDES LÈVRES

LES PETITES LÈVRES

L'ANUS

Petit point indiscret : se caresser.

Il est tout à fait agréable de toucher sa vulve, et le clitoris est un organe qui n'a pas d'autre fonction que procurer des sensations plaisantes ; c'est naturel et cela s'appelle la masturbation. C'est un bon moyen de mieux connaître son corps.

À L'INTÉRIEUR

Vus de l'intérieur,

les organes génitaux des filles ressemblent à une grande tête d'insecte ! Ils se composent de deux ovaires reliés à l'utérus par les trompes de Fallope. Le tout se loge dans le bassin, entre la vessie devant et les intestins à l'arrière.

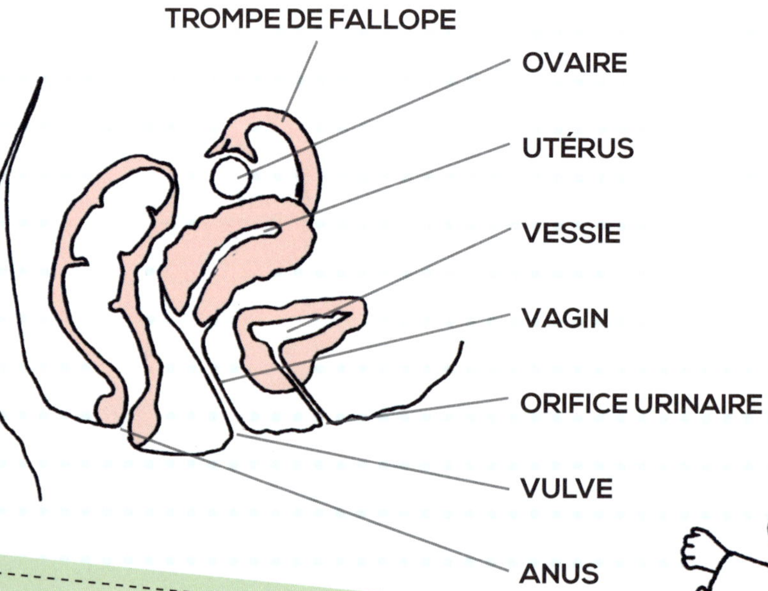

L'hymen, qu'est-ce que c'est ?

Cette petite membrane qui se trouve à l'entrée du vagin comporte une ou plusieurs ouvertures et laisse passer le sang des règles. Elle s'ouvre lors du premier rapport sexuel. Mais il arrive que l'hymen se déchire auparavant, lorsqu'on fait un sport un peu violent.

L'UTÉRUS : chaque mois, cet organe creux voit sa muqueuse s'épaissir pour accueillir l'ovule qui y nidifie. C'est à cet endroit que les bébés se développent pendant la grossesse.

LES TROMPES DE FALLOPE : les trompes relient les ovaires à l'utérus. L'ovule libéré se glisse dans ce tunnel très fin mais long de 7,5 cm.

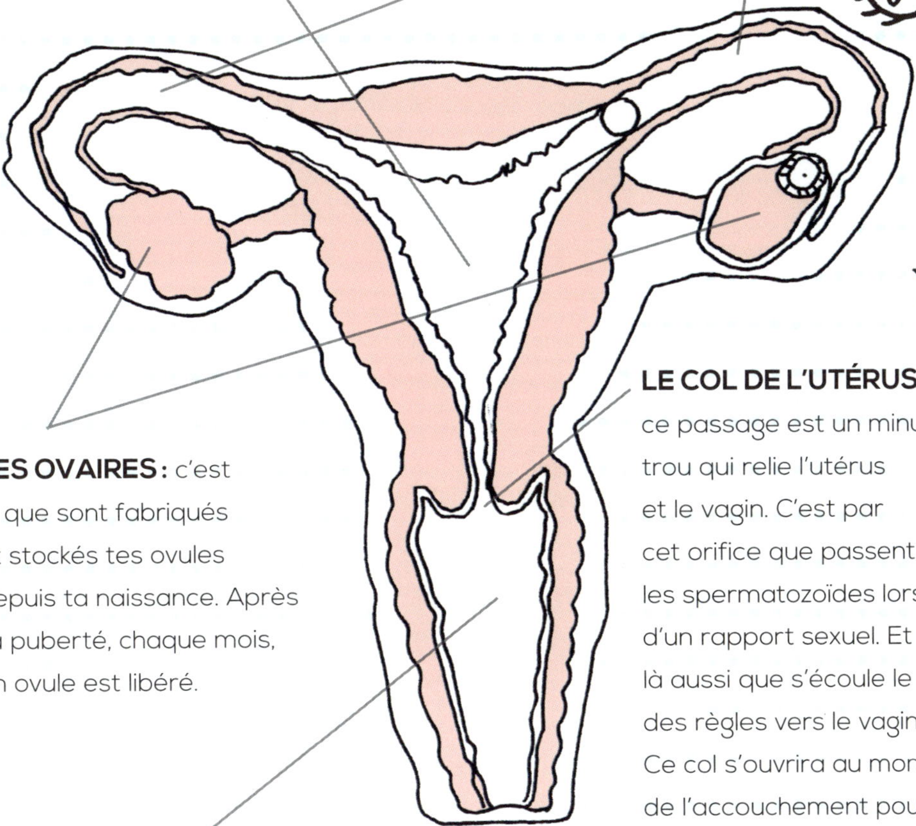

LES OVAIRES : c'est là que sont fabriqués et stockés tes ovules depuis ta naissance. Après ta puberté, chaque mois, un ovule est libéré.

LE COL DE L'UTÉRUS : ce passage est un minuscule trou qui relie l'utérus et le vagin. C'est par cet orifice que passent les spermatozoïdes lors d'un rapport sexuel. Et par là aussi que s'écoule le sang des règles vers le vagin. Ce col s'ouvrira au moment de l'accouchement pour laisser sortir le bébé.

LE VAGIN : ce conduit de 6 à 8 cm s'ouvre vers l'extérieur et relie l'utérus à la vulve. C'est à cet endroit qu'ont lieu les rapports sexuels. Et c'est aussi ici que tu pourras placer un tampon lors de tes règles.

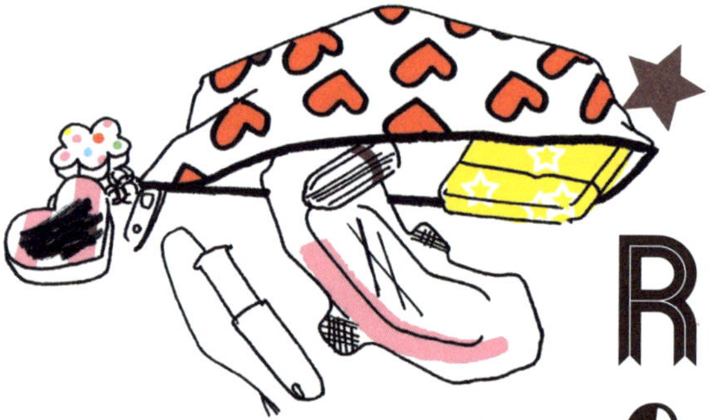

LES RÈGLES EN 4 *lettres*

Si les règles portent ce nom, c'est qu'elles reviennent régulièrement, en théorie tous les 28 jours. Mais c'est une moyenne. Il faut souvent 2 ans pour que le cycle de 28 jours s'installe. Tu pourras rester parfois 2 ou 3 mois sans qu'elles reviennent.

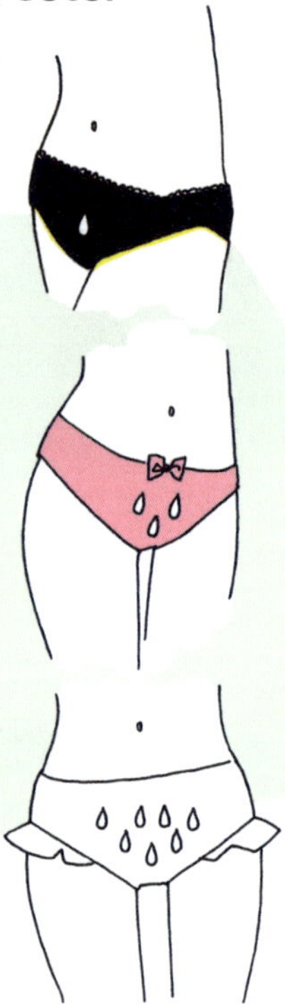

A

COMME ARRIVÉE SOUDAINE : Bien souvent, les règles surviennent sans prévenir. Parfois, les mois précédents, des petits écoulements blanchâtres apparaissent sur tes sous-vêtements : ces pertes blanches signalent que ton corps se prépare à entrer en fonction. Parfois aussi, quelques taches brunes ou orangées annoncent la survenue de tes règles. Elles peuvent alors arriver à tout moment. Prépare-toi à les accueillir en ayant toujours sur toi une serviette périodique.

B

COMME BÉBÉ : Dès que tu as tes règles, ton corps est en théorie capable de concevoir un enfant.

C

COMME CYCLE MENSTRUEL : Dès le premier jour des règles (le premier de ton cycle), les ovaires sécrètent des hormones : les œstrogènes. Celles-ci préparent à maturité un ovule situé dans un ovaire. Au 14e jour, l'œuf est libéré et avance dans la trompe qui l'achemine vers l'utérus. À ce moment, les ovaires produisent une nouvelle hormone, la progestérone : celle-ci prépare la muqueuse utérine à accueillir l'ovule en la transformant en un tapis de vaisseaux. Si ton œuf rencontre un spermatozoïde, lors d'un rapport sexuel, alors il est fécondé, et cela deviendra un bébé. Sinon, il tombe de lui-même : il est éliminé sous forme de règles.

D

COMME DOULEUR : Les règles s'accompagnent de douleurs dues à des contractions qui mènent à l'expulsion de l'ovule et du tapis de vaisseaux sanguins. Pour détacher cette paroi, l'utérus se contracte et les spasmes sont parfois douloureux, mais ces douleurs sont variables et différentes d'une femme à l'autre.

Le sais-tu ?

Tu as parfois l'impression de perdre beaucoup de sang mais, en fait, tu ne perds jamais plus d'un verre de sang sur plusieurs jours.

Les RÈGLES, comment LES APPRIVOISER

DÉMANGEAISONS OU PICOTEMENTS, QUE FAIRE ?

Si tu ressens des démangeaisons, que ton vagin ou ta vulve te pique, ou que tu as des sécrétions vaginales qui sentent un peu mauvais, va vite voir un docteur, tu as peut-être une infection. Ne t'inquiète pas : c'est facile à soigner.

La question qui tue

EST-CE QUE TU RISQUES DE SENTIR MAUVAIS ?

Non bien sûr, mais veille à ton hygiène : change tes serviettes périodiques ou tes tampons plusieurs fois par jour, pense à te laver les mains avant et après. Rince-toi à l'eau ou au gel spécial hygiène intime matin et soir et, surtout, sèche-toi bien. Toujours de l'avant vers l'arrière, sinon les bactéries de ton anus risquent d'infecter ton vagin.

LES RÈGLES
trucs et astuces

1

MAL AU VENTRE AVANT ET PENDANT TES RÈGLES ?
Si tu veux te soulager, prends un bain chaud ou pose une bouillotte chaude sur ton ventre. Si les douleurs persistent, va voir un médecin pour qu'il te donne des conseils.

2

HALTE AUX IMPRÉVUS :
Les règles ont une fâcheuse tendance à ne pas être régulières au début de la puberté : emporte une serviette périodique de dépannage dans ton sac pour l'école ou le collège.

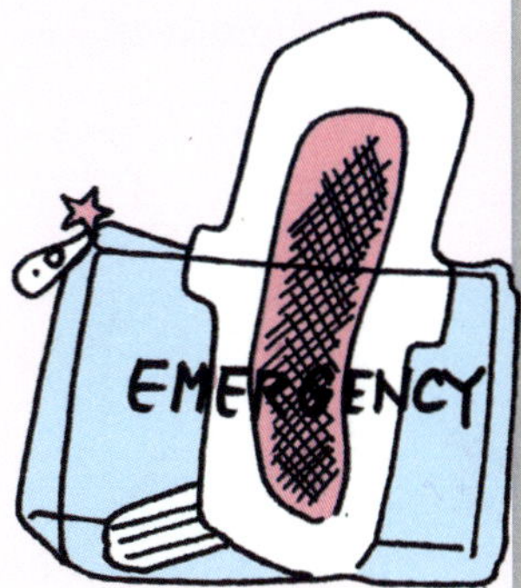

3

PATIENCE :
Tous ces tracas vont bientôt disparaître : les règles seront plus régulières, la poussée des seins cessera et ton corps arrêtera de grandir.

4

APPRIVOISE TES SAUTES D'HUMEUR :
Ne t'inquiète pas, juste avant tes règles, tu pourras te sentir anormalement fatiguée ou d'humeur maussade.

Comment ABSORBER LE flux ?

Pour absorber le sang qui s'écoule de ton vagin, tu dois protéger tes vêtements avec des serviettes hygiéniques ou des tampons.

Les serviettes périodiques

Les premières fois, utilise plutôt des serviettes hygiéniques qui tiennent au fond de ta culotte avec une bande adhésive. Elles sont discrètes, mais tu ne peux pas te baigner avec. Il existe des serviettes spéciales «nuit» qui permettent d'être bien protégée pendant ton sommeil. Parfois, ces protections se déplacent et tu peux découvrir des taches de sang sur tes draps le matin. Ne sois pas ennuyée : c'est très fréquent. Fais tremper les draps dans l'eau froide avant de les laver.

Tampons, à partir de quel âge ?

Le bon âge, c'est le moment que tu choisiras. Une seule règle : te laver les mains avant de poser ton tampon et le pousser lentement dans ton vagin, en te décontractant. Cela ne doit pas te faire mal. Si c'est le cas, laisse tomber et recommence plus tard.

Les tampons, comment ça marche ?

Un tampon est un bâtonnet de coton compact qui se place à l'intérieur du vagin. Il est invisible, seule une ficelle dépasse pour que tu tires dessus quand tu souhaites le changer. Si tu optes pour les tampons, il existe des modèles mini, spéciaux pour les jeunes filles. La première fois, suis bien le mode d'emploi. Choisis un jour où tes règles sont abondantes (jamais le premier ni le dernier jour des règles, il n'y a pas assez de sang). Prends ton temps, ça ne doit pas te faire mal.

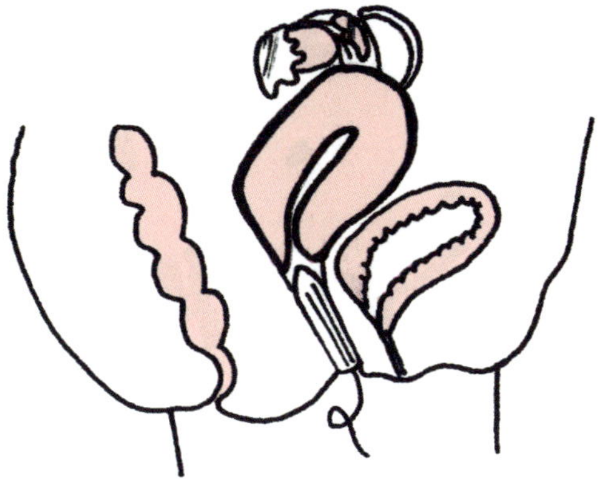

TOUT sur TES poils EN 6 QUESTIONS

♥♥♥♥♥♥♥♥♥

Combien

DE POILS SUR TOUT LE CORPS ?

5 millions de poils !

Quand

COMMENCENT-ILS À POUSSER ?

Entre 9 et 14 ans, c'est l'arrivée des poils dans ta vie.
Pas de panique : la pousse se terminera entre 12 et 17 ans.

Où

APPARAISSENT-ILS D'ABORD ?

Tout commencera autour de ton vagin, sur tes grandes lèvres et le long de la fente de la vulve. Puis la zone de poils s'étendra en triangle sur le devant de ton pubis. Quand ils déborderont sur le haut de tes cuisses, ce sera terminé.

Et ailleurs
SUR LE CORPS ?

Outre les aisselles, certaines filles voient des poils pousser autour des aréoles de leurs seins et sur la lèvre supérieure du visage.

Comment
SONT-ILS ?

D'abord fins et éparpillés, ils deviendront au fil du temps plus épais, plus foncés et frisés.

À quoi
SERVENT LES POILS, EN FAIT ?

Les spécialistes sont partagés sur le rôle des poils. Il est évident qu'autrefois les poils protégeaient et réchauffaient le corps. Mais depuis bien longtemps, notre système pileux s'est réduit. Pour autant, des zones sur le corps gardent une pilosité abondante : les aisselles et les organes génitaux. Il semble que la vue de poils est « attirante » et participe au processus de séduction entre deux individus...

les POILS, QUELLE barbe !

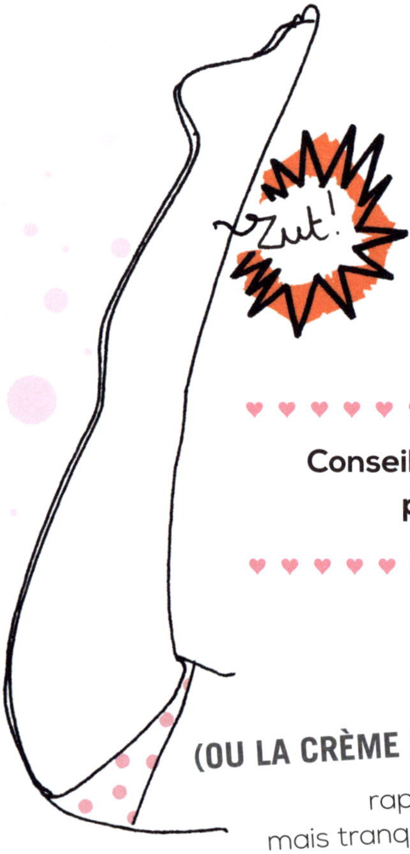

Conseils de pro lutte anti-poils…
pour vous les filles !

LE RASAGE (OU LA CRÈME DÉPILATOIRE)

rapide et indolore
mais tranquille seulement
quelques jours.

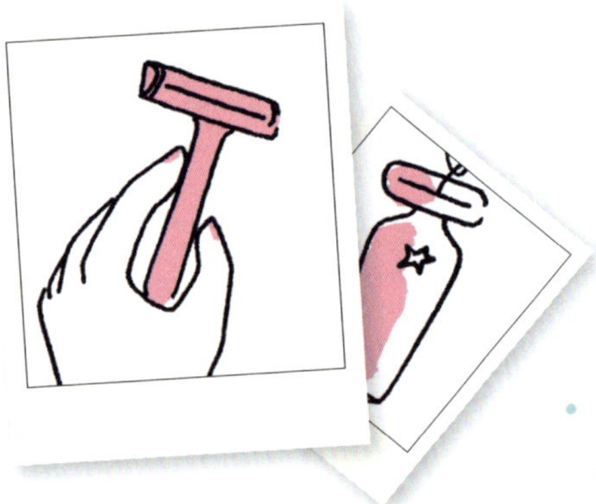

L'ÉPILATION À LA CIRE (OU À L'ÉPILATEUR)

un moyen douloureux
mais très efficace :
trois semaines sans poils.

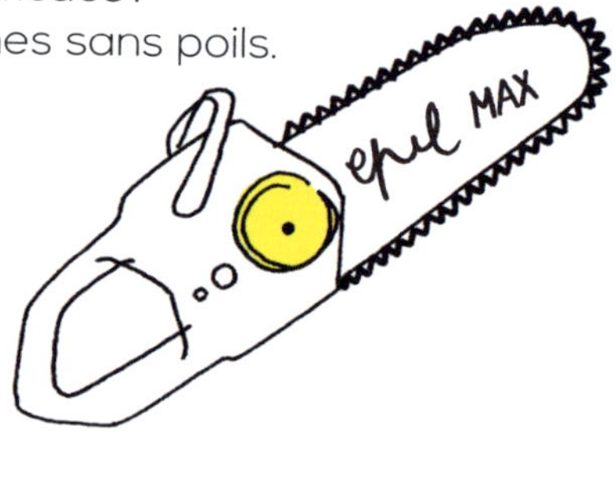

La question qui tue

LES POILS, À QUOI ÇA SERT ?

Ils emprisonnent les poussières et les germes, préservant ainsi l'hygiène. Ils protègent les parties du corps les plus sensibles en évitant les frottements peau contre peau sur les aisselles et les parties génitales.

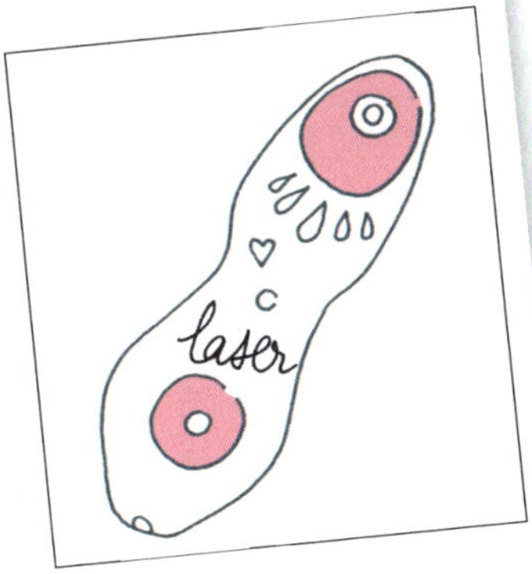

L'ÉPILATION DÉFINITIVE AU LASER

pour celles qui ont des poils foncés : chez le dermato, efficace mais un peu douloureux et cher...

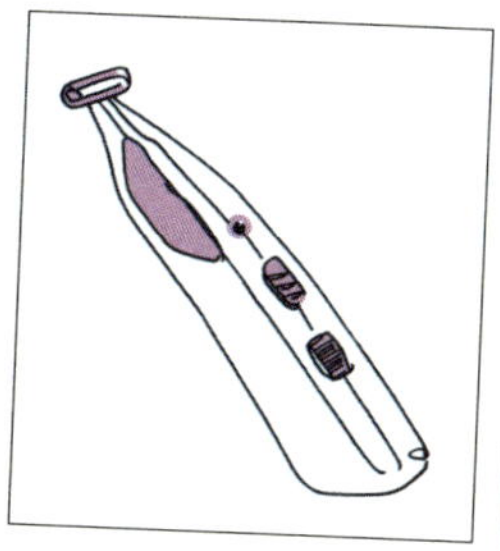

L'ÉPILATION ÉLECTRIQUE

l'élimination, chez le dermato, est définitive en 2 ou 3 passages mais douloureux et cher.

Rasoir électrique ou manuel ?

Se raser ou ne pas se raser, c'est selon le goût de chacun... Avec un rasoir électrique, impossible de se couper. Mais il coûte cher et peut irriter la peau. Avec un rasoir manuel : on étale de la mousse ou du gel puis on glisse le rasoir sur la peau. Il faut souvent changer la lame.

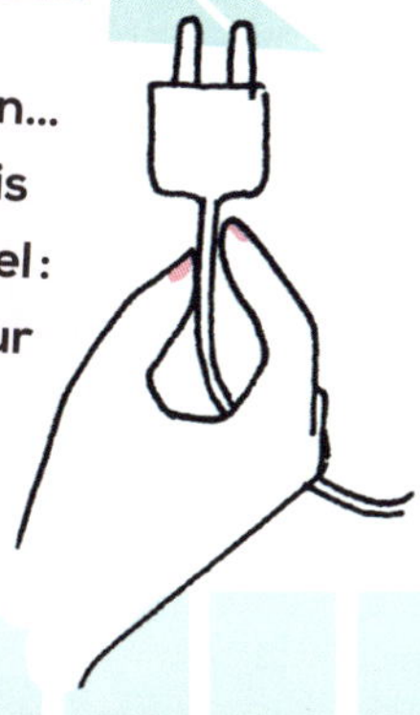

LES boutons, quelle PLAIE !

À la puberté, il y a de grandes chances que tu voies des boutons apparaître. Et il faut bien le dire, c'est la plaie ! Ils se concentrent sur le visage mais aussi sur le dos, le cou, les épaules…

UN BOUTON, QU'EST-CE QUE C'EST ?
Sous le coup des hormones, les glandes sébacées de la peau produisent en excès une substance grasse, le sébum. Piégé sous la peau, autour d'un poil, il forme un bouchon, un point noir. Si l'infection reste coincée, il se forme alors un bouton blanc.

ET L'ACNÉ, QU'EST-CE QUE C'EST ?
Quand tu as de l'acné, c'est que plusieurs boutons apparaissent à la fois et qu'ils se succèdent…

QUEL EST LE TRAITEMENT ANTI-ACNÉ ?
C'est le médecin qui t'indiquera le traitement le mieux adapté à ta forme d'acné : comprimés à base de zinc, crèmes anti-acné, antibiotiques.

LES 5 INDISPENSABLES

pour éliminer les boutons

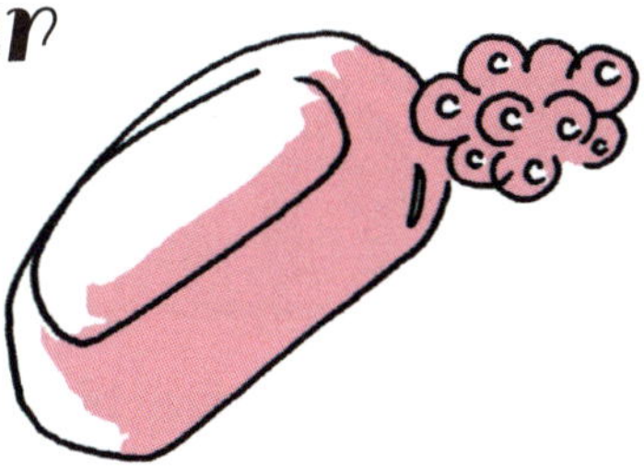

NETTOIE TA PEAU avec des gels ou des pains dermatologiques sans « savon ». Évite les lotions à base d'alcool.

NE TRIPOTE PAS TES BOUTONS, surtout avec des mains sales. Tu développerais l'infection.

UTILISE SUR TON VISAGE une crème non grasse, pour peau acnéique.

ÉVITE LES SERRE-TÊTE, CASQUETTE, OU FRANGE : tout ce qui frotte sur ta peau favorisera l'apparition de boutons.

PROTÈGE TA PEAU DU SOLEIL avec une protection solaire pour peaux grasses.

Le sais-tu ?

4 adolescents sur 10 ont besoin de suivre un traitement anti-acné.

TOUT *est une* QUESTION *d'hormones*

ON CHANGE TOUT !

Les hormones sont des substances que ton corps fabrique. Elles assurent son bon fonctionnement et lui envoient en permanence des messages.

A COMME ÂGE

Chez les filles, la puberté commence vers 10-11 ans en moyenne, un peu plus tôt que chez les garçons. Pour savoir quand cela va se produire, demande à tes parents quand ils sont entrés en puberté : cela risque de t'arriver au même âge qu'eux.

C COMME COURBE DE CROISSANCE

Regarde la courbe de croissance qui est dans ton carnet de santé : cette année, mesure-toi chaque mois, inscris ta taille et tu pourras suivre où tu en es de ta croissance.

En France, aujourd'hui, la puberté commence pour certaines filles à 8 ans, pour d'autres à 12 ou 14 ans. Il y a un siècle seulement, la puberté s'installait à 16 ans ! Une meilleure alimentation peut être responsable de l'avancée des signes de puberté.

E COMME ÉMOTIONS

Pleurer, tomber amoureuse, c'est une question d'hormones.

I COMME IMPOSSIBLE

Quand la machine de la puberté est enclenchée, impossible de revenir en arrière.

M COMME MESSAGERS

Les hormones sont des messagers chimiques qui indiquent aux cellules quand et comment agir.

O COMME ŒSTROGÈNES

Ces hormones sexuelles sont issues de tes ovaires et participent aux changements de ton corps.

P COMME PROGESTÉRONE

La progestérone est aussi sécrétée par les ovaires et contrôle ton cycle et tes règles.

T COMME TRENTE

Trente hormones différentes contrôlent le sommeil, la température, la faim, l'humeur ou l'agressivité...

DANS TA TÊTE (AUSSI) ÇA BOUGE !

Tu ne te reconnais plus ? Pas de panique !

Ton corps a changé mais dans ta tête aussi des transformations s'opèrent. Si tu y prêtes attention, tu sauras les repérer pour mieux les apprivoiser… Surtout ne brûle pas les étapes, cela va souvent moins vite dans ta tête que dans ton corps.

Que faire…

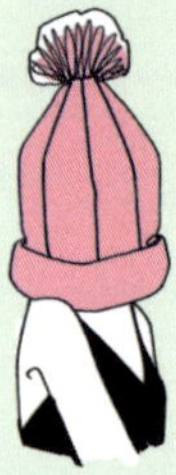

QUAND TU VOUDRAIS DISPARAÎTRE SOUS TERRE ?

Demande aux gens qui vivent avec toi de faire preuve de délicatesse : pas de remarques sur ta poitrine, tes nouveaux poils ou tes formes qui évoluent…

SI TU AS L'IMPRESSION QUE RIEN NE VA PLUS ?

Ce n'est pas une raison pour pourrir la vie de ton entourage. Et la tienne aussi par ricochets. Tu vas petit à petit comprendre et maîtriser tes émotions. Parles-en à tes amies ou à un adulte de confiance, et cela t'aidera à y voir clair. Isole-toi quelques minutes et reviens vers les autres quand la pression est descendue.

SI L'ON TE TRAITE ENCORE COMME UN ENFANT ?

Réclame qu'on te confie des responsabilités et tu gagneras la confiance de tes parents. Et adopte ces trois règles :

- Dis à tes parents où tu es et avec qui.
- Dis à quelle heure tu dois rentrer et respecte cet engagement.
- Envoie un sms en cas de retard.

La pudeur arrive, envie d'intimité ?

L'année dernière, sur la plage, je me promenais en maillot de bain du matin au soir. Cette année, impossible de quitter mon grand tee-shirt : ma poitrine a poussé entretemps et c'est difficile pour moi de le montrer à toute la famille.

Lou, 11 ans.

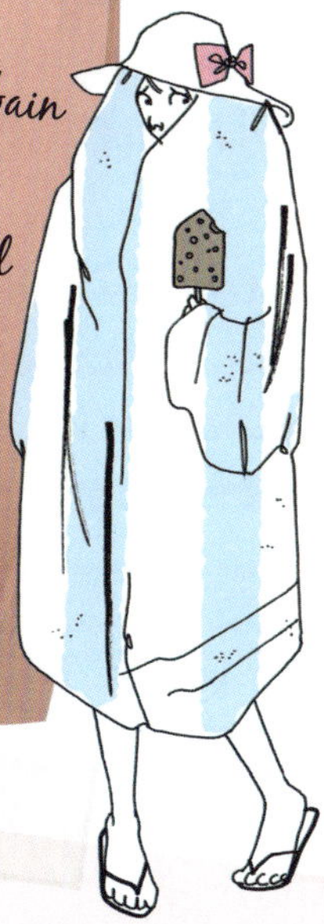

Cette année, nous sommes allées à une fête de famille avec ma grande sœur de 13 ans : à certains moments, elle se tenait droite et bougeait ses bras quand elle parlait. À d'autres, elle tortillait ses cheveux, regardait ses baskets et ne parlait à personne…

Zoé, 10 ans.

Quand j'étais petite, je faisais ce que je voulais, on pouvait me regarder, je m'en fichais. Maintenant, je n'aime pas quand on me regarde, ça me gêne un peu. Je baisse les yeux.

Victoria, 12 ans.

Le cerveau, moins mature que le corps ?

À l'adolescence, ton cerveau est en évolution et se développe, mais seulement de 5 %. Le cortex frontal, qui contrôle la pensée logique, n'est pas achevé. D'où des décalages entre la maturité du corps et celle du cerveau. Peu à peu, tu apprendras à contrôler tes actes.

CHEZ les garçons, ÇA CHANGE (aussi)

La puberté commence chez les garçons en même temps que chez les filles.

FAUX : *chez les garçons, elle commence entre 13 et 15 ans, et chez les filles, vers 10-11 ans.*

Les garçons sont souvent plus grands que les filles.

VRAI : *les poussées de croissance sont plus fortes et durent plus longtemps, ce qui fait que la population des garçons est globalement plus grande que la population des filles.*

Vrai ou faux

À la puberté, les poils poussent aux mêmes endroits chez les filles et chez les garçons.

VRAI : la seule différence, c'est qu'en général les garçons sont plus poilus que les filles.

Dans certains pays du monde, il y a beaucoup moins de naissances de filles que de garçons.

VRAI : dans certains pays, les grossesses de filles sont interrompues avant leur naissance. Ceci pour éviter de payer une « dot », de l'argent que la famille de la jeune fille doit offrir au futur époux. Ainsi, en Inde, on estime qu'il « manque » 50 millions de filles.

Comment LES GARÇONS savent QU'ILS SONT des garçons

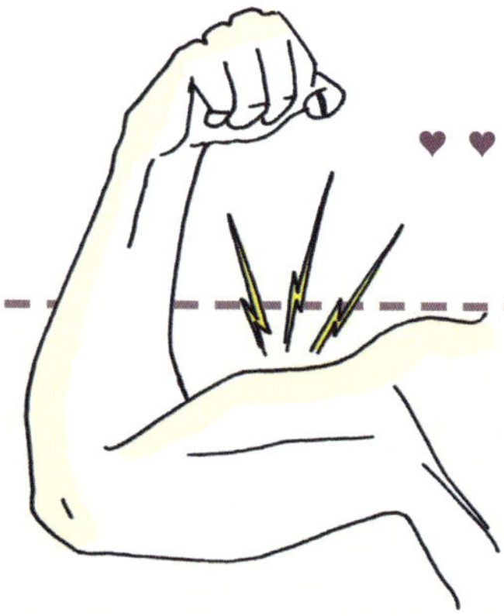

Comment se sentir garçon ?

Pour les garçons, c'est d'abord avoir un sexe masculin, mais pas seulement ! C'est vers 2 ans que le petit enfant prend conscience qu'il est un garçon. Pendant longtemps, être un garçon, et plus tard un homme, c'était d'abord appartenir au sexe fort, à celui qui ne pleure pas et qui n'a peur de rien, celui qui détient l'autorité et qui a un travail en dehors du foyer. Désormais, les garçons ont le droit d'exprimer leurs émotions, de partager les tâches ménagères sans pour autant se sentir moins virils.

LES 4 INDISPENSABLES

qui permettent à un garçon d'être un garçon

UNE HORMONE : la testostérone fait des garçons qu'ils sont des garçons. Entre 11 et 14 ans, le taux de testostérone monte en flèche et déclenche la puberté dans tout leur corps.

LES ORGANES SEXUELS : les organes sexuels des garçons sont en grande partie à l'extérieur de leur corps : le pénis et les deux testicules.

DANS LE CERVEAU : comme chez les filles, une partie de leur cerveau exige qu'une autre partie se mette à produire deux types d'hormones pour commencer à fabriquer des spermatozoïdes dans les testicules.

LES CHROMOSOMES SEXUELS : le noyau de chaque cellule du corps contient 23 paires de chromosomes, dont l'une est dédiée au sexe. Chaque individu mâle possède deux chromosomes en forme de X et de Y, le X provient de sa mère et le Y de son père. Chaque cellule de son corps porte en elle la paire XY et sait donc qu'il est un garçon.

LA *testostérone,* CETTE HORMONE *qui bouscule tout...*

Comme chez les filles, les hormones envoient sans cesse des messages dans le corps des garçons : grandir, contrôler l'énergie, l'humeur, la transpiration... La principale hormone qui agit chez les garçons est la testostérone.

Agressif

LA TESTOSTÉRONE
provoque des chamboulements dans le caractère. À cause d'elle, les garçons peuvent se mettre plus facilement en colère ou être plus agressifs.

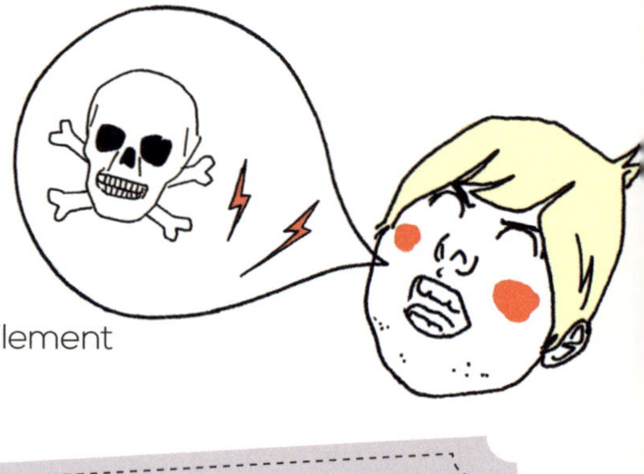

Le sais-tu ?

C'est pendant la nuit que les hormones sont sécrétées. Si un préadolescent manque de sommeil, s'il se couche tard, la production de son hormone de croissance sera perturbée et il ne grandira pas autant qu'il le devrait.

Costaud

LA TESTOSTÉRONE
génère une augmentation
de la masse musculaire des garçons,
leurs épaules s'élargissent.

Génératrice d'émotions

AVEC L'ARRIVÉE DE LA PUBERTÉ,
le regard des garçons sur
leur environnement change :
c'est l'âge des premiers émois,
de nouvelles sensations,
de troubles qui mettent le corps en ébullition.

Hormone sexuelle

LA PRODUCTION DE TESTOSTÉRONE déclenche
celle de spermatozoïdes dans les testicules
et contribue au démarrage de la puberté. Avec elle,
le corps grandit, les testicules grossissent et le pénis
commence à s'allonger et à s'épaissir.

Massive

À LA PUBERTÉ, la production de testostérone est
massive : elle est multipliée par 9.

organes GÉNITAUX : *pénis, testicules...*

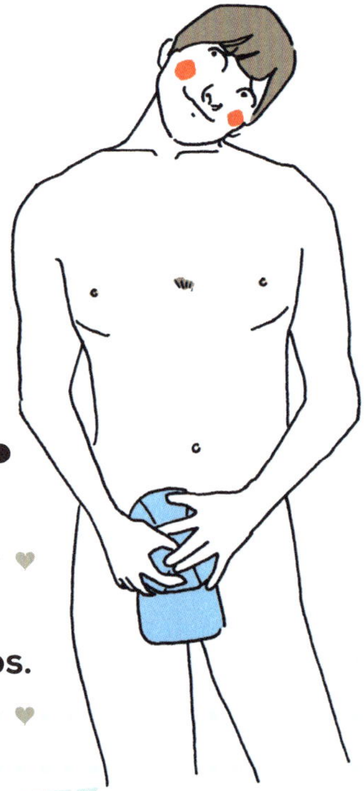

Les organes sexuels des garçons sont bien visibles à l'extérieur du corps.

À L'EXTÉRIEUR

LE GLAND : ce renflement au bout du pénis est très sensible.

LE PRÉPUCE : ce repli de la peau qui recouvre le gland peut coulisser d'avant en arrière.

LE SCROTUM : cette poche qui pend sous le pénis protège les testicules.

LE FREIN : ce tissu de peau maintient le prépuce sur le gland.

LE PÉNIS : au bout du pénis, un petit orifice, le méat, permet d'évacuer l'urine et le sperme.

Croissance des organes sexuels

AVANT LA PUBERTÉ :
le pénis est petit
et grandit avec
le reste du corps.

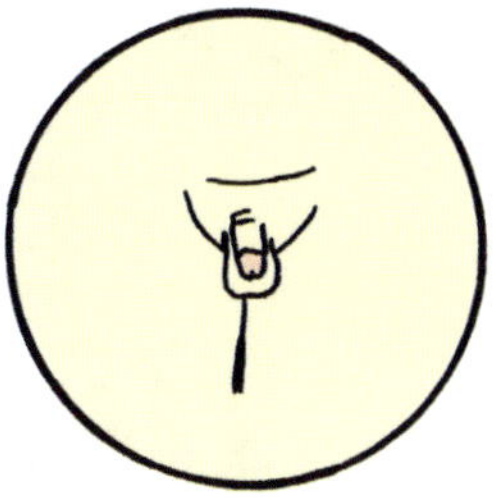

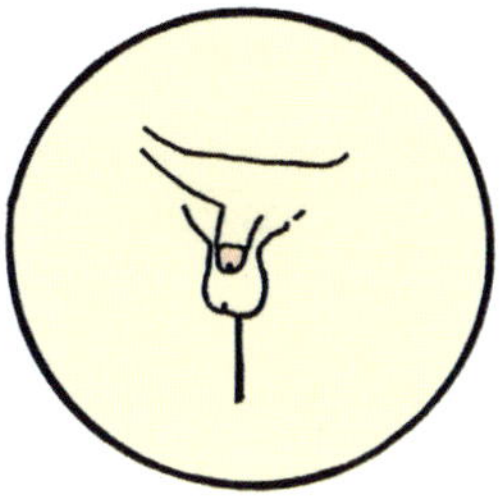

AU DÉBUT DE LA PUBERTÉ :
les testicules commencent
à grossir. La peau du
scrotum devient plus fine,
plus foncée et elle se plisse.

AU MILIEU DE LA PUBERTÉ :
le pénis commence
à s'allonger et des poils
apparaissent sur le pubis.

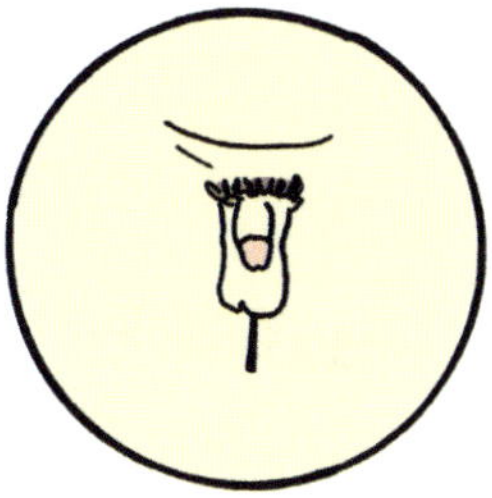

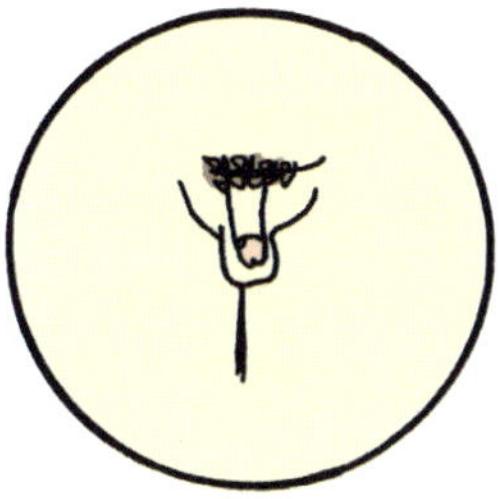

À LA FIN DE LA PUBERTÉ :
le pénis continue à grossir.
Le gland est plus volumineux.
Les poils du pubis sont plus
fournis, plus frisés
et plus foncés.

À L'INTÉRIEUR

RECTUM ET ANUS :
la dernière partie de l'intestin et l'orifice par lequel sortent les excréments.

LA VESSIE :
cette poche stocke l'urine avant qu'elle soit évacuée par l'urètre.

VÉSICULES SÉMINALES ET PROSTATE :
ces glandes produisent le liquide séminal. Les spermatozoïdes seront ensuite mélangés à ce liquide séminal pour composer le sperme.

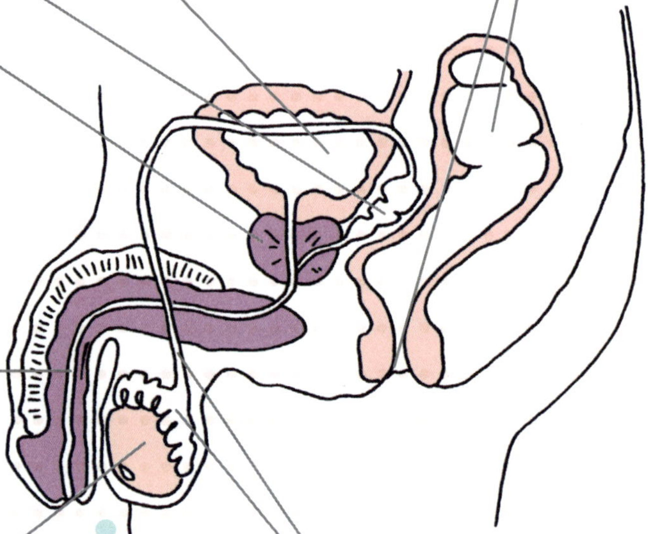

L'URÈTRE :
ce conduit traverse tout le pénis. Il conduit hors du corps l'urine et le sperme.

LES TESTICULES :
c'est là que se fabriquent les spermatozoïdes et qu'est produite la testostérone.

ÉPIDIDYMES ET CANAUX DÉFÉRENTS :
ici les spermatozoïdes arrivent à maturité et se préparent à sortir par les deux canaux déférents reliés à l'urètre.

Une usine à spermatozoïdes

Le corps des garçons à la puberté se met à produire des spermatozoïdes en grande quantité : 260 millions de spermatozoïdes chaque jour. Soit 1 500 par seconde. Et ceci 24 heures sur 24.

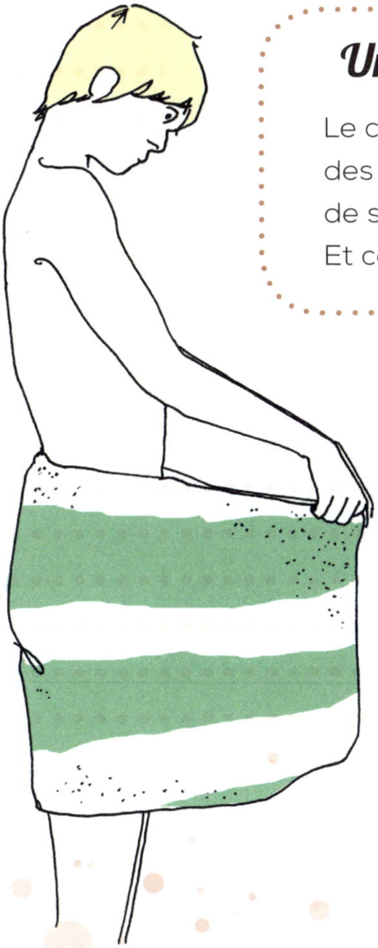

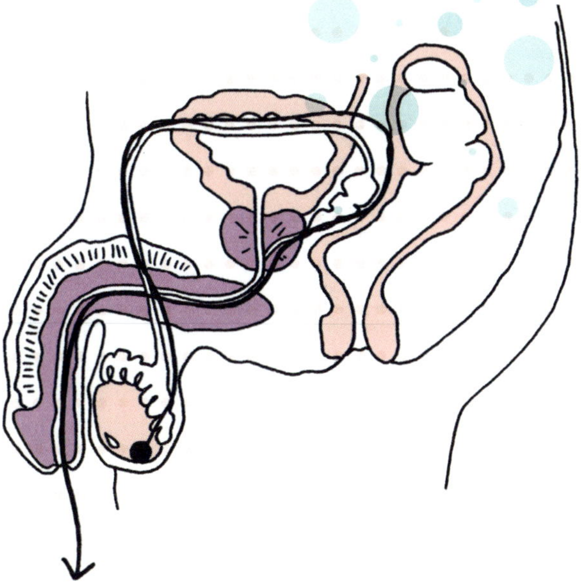

Le chemin des spermatozoïdes

Les spermatozoïdes sont fabriqués dans les testicules. Ils arrivent à maturité dans les épididymes puis passent dans les canaux déférents et dans l'urètre. Le corps évacue les spermatozoïdes sous forme de sperme lors d'éjaculations involontaires pendant le sommeil ou volontaires lors d'un rapport sexuel ou suite à une masturbation. Sinon, les spermatozoïdes remontent dans le canal déférent en 4 à 6 semaines, où ils se désagrègent.

Les TRANSFORMATIONS chez LES GARÇONS en 8 ÉTAPES

Chez les garçons, les premiers signes de la puberté commencent souvent entre 13 et 15 ans, mais, comme chez les filles, cela peut arriver un peu plus tôt ou un peu plus tard.

1 **LES TESTICULES GROSSISSENT**, le scrotum rougit. Le pénis s'allonge et des poils apparaissent sur le pubis.

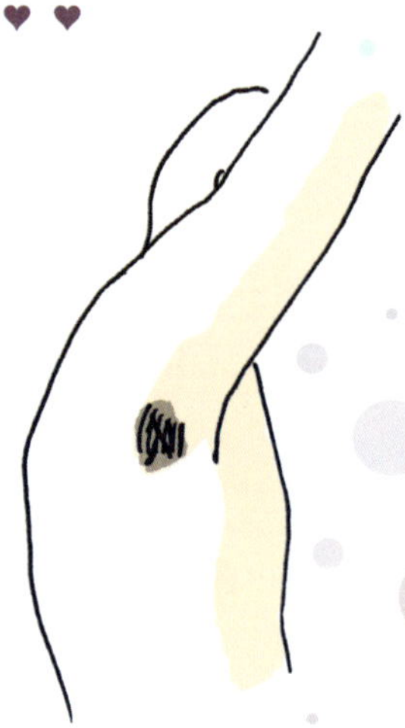

2 **DES POILS** poussent sur les aisselles.

3 **LA VOIX CHANGE :** elle devient plus grave.

4

LES PREMIÈRES ÉJACULATIONS ont lieu la nuit, souvent involontairement.

5

DES ÉRECTIONS INVOLONTAIRES se produisent...

6

LA PEAU du visage et de certaines zones du corps devient plus grasse.

7

UN PIC DE CROISSANCE se produit et les garçons se mettent à grandir. Certains voient leur masse musculaire augmenter.

8

DES POILS apparaissent sur le menton et sur la lèvre supérieure.

LES *petites* QUESTIONS *spéciales* GARÇONS

Comment se produit une érection ?

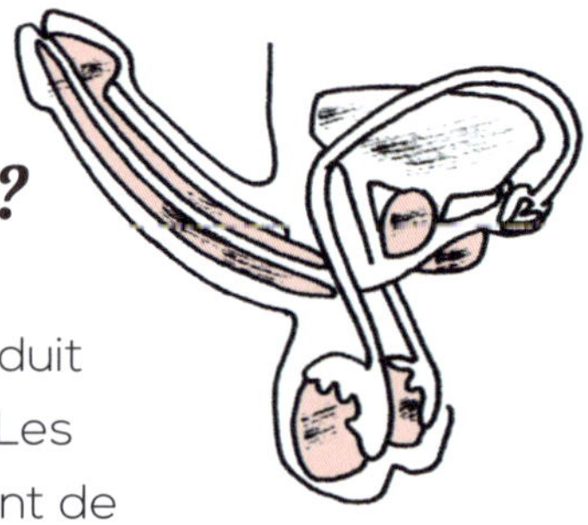

Souvent, la première éjaculation se produit involontairement au cours du sommeil. Les tissus qui bordent le pénis se remplissent de sang, comme un ballon qu'on gonfle d'air. Le sexe durcit et se redresse. Bien sûr, cela se produit sous l'effet d'une excitation sexuelle, mais pas forcément : la nervosité, l'envie d'aller aux toilettes, ou le fait d'être heureux.

Quelle est la bonne taille pour un pénis ?

La taille et la forme du pénis varient beaucoup d'un garçon à l'autre. Il n'y a pas de taille parfaite. En érection, les différences entre les pénis sont moins importantes.

Petits mots pour parler du sexe des garçons

PÉNIS :

Zizi, queue, bite, zigounette, quéquette, kiki…

TESTICULES :

Couilles, burnes, boules, roubignoles…

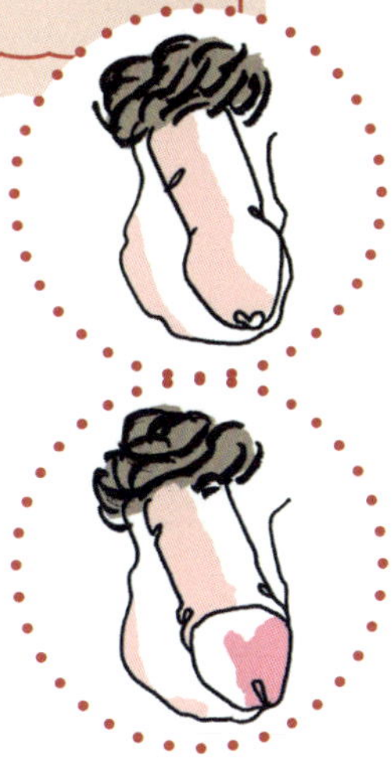

La circoncision, qu'est-ce que c'est ?

La circoncision est souvent pratiquée juste après la naissance du petit garçon pour des raisons religieuses ou pour respecter une tradition. L'opération consiste à couper le frein et à enlever le prépuce. Après, le gland est toujours découvert.

Se masturber, c'est naturel ?

Il est naturel de se masturber, c'est-à-dire de caresser son sexe. Cela procure du plaisir et conduit souvent à une éjaculation. Mais cela ne se pratique jamais en public.

La voix, comment faire face aux couacs ?

À la puberté, les cordes vocales et le larynx des garçons s'allongent et cela provoque parfois des couacs aigus. Peu à peu, la voix se stabilisera.

Le sais-tu ?

Les testicules ne sont pas toujours à la même hauteur. L'un des deux, le gauche, est souvent situé plus bas que le droit. Cela permet de ne pas les cogner l'un contre l'autre quand on court.

sueur, SEINS, poils, LES garçons SE TRANSFORMENT… si, si…

« Maintenant, dans la classe, quand on chante, ça déraille complètement. » Quentin, 14 ans.

A COMME AISSELLES

Des poils poussent sur les aisselles entre 11 et 13 ans. Les glandes sudoripares, de minisacs situés sous la peau des aisselles, se mettent à produire beaucoup de sueur sous l'effet des hormones.

B COMME BRAS

Les poils des bras et des jambes vont se renforcer. Tout à coup, ils apparaîtront plus sombres et plus épais.

M COMME MUE

La voix va changer : le larynx, ce cylindre creux situé dans le cou, renferme les cordes vocales. Sous l'effet de la testostérone, le larynx grossit, les cordes vocales s'allongent et s'épaississent. Elles vibrent plus lentement et donnent des sons plus graves.

P COMME POILS

Autour du pénis et sur les testicules, les poils pubiens sont en général sombres et frisés. Ils s'installent entre 11 et 13 ans. Une ligne verticale de poils plus fins peut remonter aussi jusqu'au nombril.

S COMME SEINS

Parfois, la poitrine des garçons montre un certain gonflement. Bien sûr, ils ne sont pas en train de se transformer en fille. Leur corps fabrique de la graisse ! Pas de panique : cela peut disparaître dans 1 an ou 2.

T COMME TORSE

Des poils peuvent apparaître sur le torse à la fin de la puberté et souvent même bien plus tard, vers 25 ou 30 ans. Si le père en a, le fils a de fortes chances d'en avoir aussi.

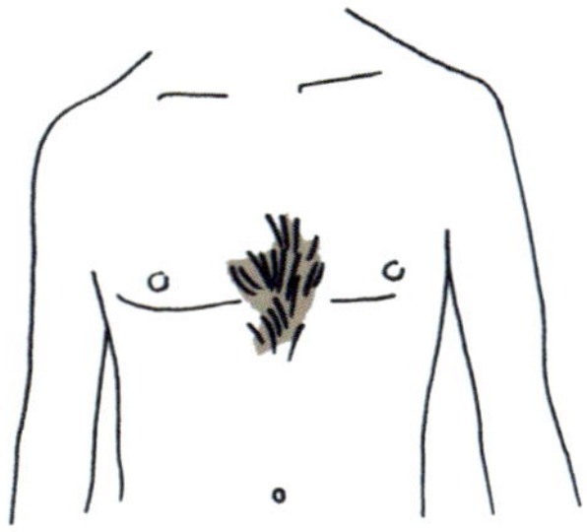

V COMME VISAGE

Sur le visage, la barbe commence à pointer le bout de ses poils entre 13 et 18 ans : sur la lèvre supérieure, les joues et le cou, mais de façon plus ou moins fournie.

La question qui tue

SENT-ON MAUVAIS ?

La sueur sort par les pores, des petits orifices qui se trouvent à la surface de la peau. Les bactéries adorent les endroits humides comme les aisselles et ce sont elles qui rendent la transpiration nauséabonde au contact de l'air. La parade : se doucher chaque jour et changer de vêtements. On peut utiliser un déodorant sur les aisselles, jamais sur les parties génitales.

forever friends
BFF
friends forever

Toi ET TES AMI(E)S, *Climat* AU *beau fixe*

C'EST QUOI *l'amitié ?*

Pose la question autour de toi (juste pour rigoler) et tu verras que la réponse n'est pas si simple ! On la vit chaque jour et pourtant, quand il faut la définir, les choses se compliquent !

L'avis du dico (Le Petit Robert)

C'est un sentiment réciproque d'affection ou de sympathie qui ne se fonde ni sur **la parenté** ni sur **l'attrait sexuel**.

Un petit copain n'est donc pas un ami.

Même si tu adores ta sœur, elle ne peut pas être ton amie.

Dans la pratique

C'est un sentiment magique qui regroupe une foule de sentiments et d'ingrédients : complicité, bonheur, rire, écoute, respect, tolérance. Mélange le tout pour obtenir des fous rires en cascade et des moments à partager à deux ou à plusieurs.

L'avis des grands auteurs

Commence déjà à être l'ami de toi-même, tu ne seras jamais seul.

Sénèque

Ce n'est pas tant l'intervention de nos amis qui nous aide, mais le fait de savoir que nous pourrons toujours compter sur eux.

Épicure

Les devoirs de l'amitié sont la confiance, la bienveillance et les conseils.

Voltaire

L'amitié des femmes est de beaucoup supérieure à leur amour.

Honoré de Balzac

L'AMITIÉ EN 6 mots

A COMME AMOUR

L'amitié, c'est aimer ses copines et être aimée en retour. Amour et amitié sont très proches.

M COMME MEILLEURE AMIE

Quelqu'un qui nous comprend, qui nous écoute, à qui on se confie, avec qui on se sent bien. On n'en a qu'une et c'est la... meilleure amie!

BEST FRIENDS forever!

I COMME INTÉRESSÉE

On s'intéresse à l'autre, on prend de ses nouvelles.

T COMME TOLÉRANTE

Eh oui, l'amitié au jour le jour n'est pas toujours évidente. Il te faudra une bonne dose de tolérance.

I COMME IMAGINATION

Toutes les relations d'amitié sont différentes et se construisent avec le temps. Tout dépend des souvenirs, des passions, des distances…

É COMME ÉMOTIONS

L'amitié fait ressentir de multiples émotions et c'est ça qui est bon ! On s'ennuierait sinon ! Jalousie, tristesse, joie, rire…

À MÉDITER

Avoir beaucoup d'amis, c'est n'avoir point d'amis.

Aristote

LES *filles* EN *parlent*

L'amitié vue par les filles (et un petit peu quand même par les garçons...).

L'amitié, c'est quand je ne me dispute pas avec mes copines.

Avril, 6 ans

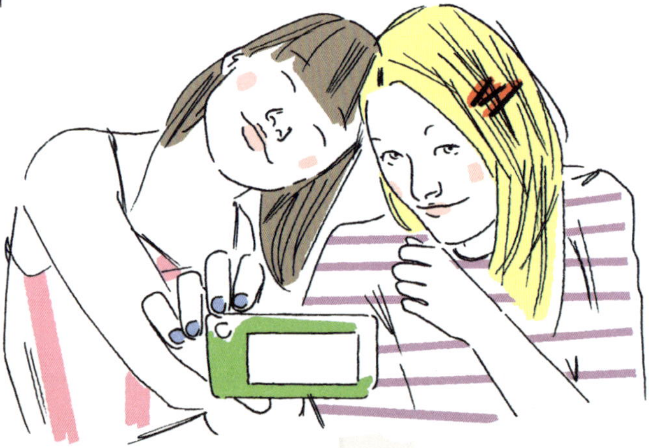

L'amitié, c'est partager des sentiments. On est contentes, on joue ensemble, on fait du sport. Je l'aime parce qu'elle est gentille ou parce que je la connais depuis longtemps.

Mégane, 10 ans

Avec Léa, c'est à la vie à la mort. De toute façon, nos parents se connaissent alors on sait qu'on ne sera jamais séparées !

Églantine, 10 ans

Avec mes amies, on aime parler de musique, de personnes connues, de ce qui se passe chez nous, des activités qu'on fait, des matières qu'on aime ou pas, de nos amoureux, on a toutes des goûts très différents. Et c'est peut-être pour ça qu'on est amies, parce que nous sommes très différentes, sinon je pense qu'on s'ennuierait un peu. Et puis, entre nous, il y en a qu'on connaît mieux que d'autres et avec lesquelles on est plus proches. On essaie chacune notre tour de se faire plaisir.

Capucine, 10 ans

L'amitié, c'est des gens sur qui on peut compter, des gens qu'on a envie de voir souvent. On s'amuse bien, on s'entend bien et c'est déjà pas mal !

Jeanne, 11 ans

On joue et on va à la cantine, on court vite avec Sacha et Yanis.

César, 8 ans

QU'EST-CE QUE ÇA CHANGE ?

On ne se raconte pas les mêmes choses si l'on est 2, 3, 4 ou 8. On n'a pas le même temps de parole, pas la même écoute. À 2 ou 3, on est dans la confidence. À beaucoup, on est plus dans l'amusement. À toi de voir ce que tu as envie de dire/écouter/faire et à quel moment !

Quelle AMIE es-tu ?

Et laquelle veux-tu DEVENIR ?

Grand Quiz

Tu es plongée dans ta série préférée quand une amie te demande de l'aider en maths...

- ▲ Tu lui réponds tout en regardant ton écran.
- ■ Les maths et toi, ça fait deux, mais tu essaies quand même de l'aider !
- ● Vite, tu éteins la télé et tu voles à son secours.

Les dates d'anniversaire de tes amies :

- ■ Tu ne te souviens que de celles de tes deux meilleures amies.
- ● Toutes les dates sont collées sur un tableau dans ta chambre.
- ▲ Les dates, ça n'est pas ton fort !

Ta meilleure amie Zoé décide de rentrer de l'école avec une nouvelle, Amélie :

▲ Pas grave ! Moi, je rentre avec Johanna.

■ Elle me fait la tête ou quoi ?

● Je déteste Amélie : elle veut me piquer mon amie ?

Tu as eu une super note en géo, l'une de tes amies a raté... Tu lui dis :

▲ « Peut-être que tu n'as pas assez travaillé ? »

● « T'inquiète, pour le prochain, je vais t'aider. »

■ « Tu es forte en français, moi en géo. À deux, on a la moyenne ! »

Tu es absente un matin au début des cours :

■ Tu préviens toute ta bande de copains par sms.

● Tu préviens ta meilleure amie et elle se charge d'informer les autres.

▲ Tu ne préviens personne de ton absence, à part la directrice de l'école ou du collège.

Une amie a oublié son goûter :

● Tu partages le tien.
■ Tu proposes à tes copines de tout mettre en commun pour un goûter géant.
▲ « Oh, la pauvre ! »

Gros coup de blues ! Ta meilleure amie a un méga souci. Tu arrives et…

▲ Tu lui racontes ta journée et vous vous quittez sans en parler. Mais au moins, ça lui a changé les idées !
● Tu la laisses te raconter le problème et tu lui donnes plein de conseils.
■ Tu fonces vers elle : « Alors, raconte, qu'est-ce qui t'arrive ? »

Un des élèves de ta classe est pris à partie par Jess, le garçon le plus malin et le plus drôle de la classe. Mais cette fois, il n'est pas drôle du tout...

- ▲ Celui qui est pris à partie n'est pas populaire, alors tant pis pour lui.
- ● Tu vas voir Jess avec ta meilleure amie et tu lui dis qu'il déraille vraiment aujourd'hui.
- ■ Avec plusieurs copains, vous convainquez Jess et l'autre garçon de faire la paix.

Pour toi, une vraie amie, c'est quelqu'un :

- ● Qui se confie à toi. Une amie doit pouvoir tout te dire !
- ▲ Qui t'écoute. Si tu as besoin de parler, tu dois pouvoir compter sur elle.
- ■ Qui te comprend même si vous n'êtes pas toujours d'accord.

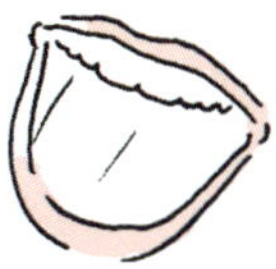

SAVOIR ÉCOUTER SES AMIES, C'EST :

- **Entendre ce qu'elles ont à te dire tout en gardant ton esprit critique.**
- **Ne pas avoir de préjugés.**
- **Faire une place à la discussion.**
- **Prendre en compte l'avis de chacune.**
- **Respecter celles qui préfèrent garder le silence.**

Ta devise en amitié serait plutôt :

▲ Qui aime bien châtie bien.

● À un, c'est bien. À deux, c'est mieux.

■ Plus on est de fous, plus on rit.

Ta BFF est amoureuse du même garçon que toi :

■ Que la meilleure gagne !

▲ Tu lui montres tous les défauts du garçon (quitte à en inventer quelques-uns).

● Vous en discutez et décidez de laisser tomber.

Livia a l'air chagrine :

● Tu t'inquiètes : tu lui demandes si tu lui as fait du mal.

▲ Elle boude ? Alors, toi aussi !

■ Tu vas la voir : elle est peut-être malade.

Tu as une majorité de :

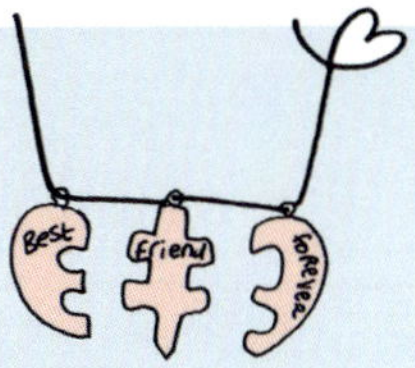

Pour toi, l'amitié, c'est sacré et ça passe avant tout. Parfois même avant toi. Tu es très réceptive. Les oreilles bien ouvertes, tu écoutes, ça c'est sûr, et tu ne t'arrêtes pas là : tu es d'excellent conseil. Tes amies savent qu'elles peuvent compter sur toi. Bravo ! Mais ne t'oublie pas pour autant. Avec celle que tu considères comme ta meilleure amie, tu peux aller au bout du monde et tu es fusionnelle. Attention à l'exclusivité, ça peut te rendre fragile, et attention à ne pas perdre ta personnalité ! Tu es très présente auprès de tes copines, mais si l'une d'elle fait de nouvelles connaissances, tu te sens trahie. Alors n'hésite pas à agrandir ton cercle d'amies. Tu seras plus heureuse dans le partage.

En amitié, tu es comme l'abeille : tu butines de fleur en fleur. Avec tes amies, tu papotes et tu t'amuses. Tu les écoutes d'une oreille distraite parce que tu as toujours des choses intéressantes à raconter. Ne reste pas trop centrée sur toi, c'est bien de parler (un peu) de soi mais il faut aussi savoir écouter. Tu devrais sûrement approfondir tes relations avec certaines pour te sentir mieux entourée ! Tu sais ce que tu souhaites, tu veux rester indépendante et tu as raison. Mais tu risques parfois de te sentir isolée. Avec un caractère comme le tien, tu n'es pas toujours facile à vivre au quotidien ! L'amitié, c'est un échange. Pour recevoir, il faut savoir… donner. Il faut juste que tu t'adoucisses un peu, va plus vers les autres !

Tu as de bonnes amies et elles t'aiment aussi en retour. Vous vous soutenez et elles comptent beaucoup pour toi. Mais pas d'exclusivité ni de compétition entre vous. C'est super ! Tu ne te laisses pas entraîner sur des chemins que tu ne souhaites pas emprunter. Fidèle, serviable et attentionnée, tu sembles prête à tout pour que ta bande fonctionne. Tu es tout de même exigeante et n'ouvres pas ton cœur à la première fille qui passe. Tu as une bonne écoute et tu sais certainement garder les secrets. Tu es une véritable amie. On peut compter sur toi et ton silence même si tu n'as pas assez confiance en toi pour toujours avoir un avis bien tranché.

COMMENT *être* TOUJOURS AU TOP DE L'AMITIÉ ?

Pas si facile ? Mais si ! Voici 6 astuces pour être la meilleure amie du monde.

Astuce 1

SOIS GÉNÉREUSE.

L'amitié, ça s'entretient. Si tu as décoré un cadre-photo, pourquoi ne pas en faire un second et l'offrir à ta meilleure amie avec un selfie en duo ?

Astuce 2

NE RÉPÈTE JAMAIS UN SECRET.

Sois discrète même si la confidence te paraît anodine ! Si on t'a fait confiance, ce n'est pas à toi de juger de son importance. Chut !

Astuce 3

TOI AUSSI, PARLE À TES AMIES.

Partage tes secrets. C'est en se dévoilant qu'on apprend à se connaître, qu'on se rapproche.

Astuce 4

CHERCHE À RÉSOUDRE LE PROBLÈME.

Un différend ? Une blessure ?
Ne laisse pas la situation s'envenimer en campant sur tes positions, entame le dialogue !

Astuce 5

ON SE SOUTIENT ENTRE AMIES !

Si Marina ne va pas bien, remonte-lui le moral. Blagues, chatouilles, grimaces, discussions... Multiplie les façons de la distraire et de lui redonner le sourire.

Astuce 6

GARDE TA PERSONNALITÉ.

Ne copie pas une amie, même si tu espères ainsi te rapprocher d'elle. Ça peut fonctionner au début mais ça risque de vite l'agacer.

1= LA BFF

La girly, super tendance

La timide que tu veux aider

La naturelle, simple mais pas simplette

L'intello, 20/20 de moyenne

CHACUNE *cherche* *son* AMIE

On se fait parfois une idée de l'amie rêvée, l'amie qui nous ressemble ou qu'on est prête à admirer. Et toi, laquelle choisirais-tu ?

La rock, punk attitude

L'artiste, fofolle mais pas molle

La gothique, 100% intrigue

Quel que soit son style, on a toutes une amie qui nous attend quelque part !

COPINE OU *amie* ?

Reconnaître une vraie amie... ce n'est pas évident. Pourtant, il y a des signes qui ne trompent pas.

On ne passe pas de copine à amie en un claquement de doigt ! Il faut du temps pour apprendre à se connaître. Une copine peut être une fille que tu vois tous les jours mais que tu auras peut-être oubliée l'année prochaine. Une amie est une personne à qui tu confies tes joies et tes peines. Tu ne dois pas et tu n'as pas besoin de jouer un rôle, le naturel doit primer dans la relation. Les souvenirs que vous vous construirez ensemble fonderont votre belle amitié.

UN SURNOM POUR TES AMIES

On affuble toutes nos amies de surnoms mignons (ou parfois ridicules !). Alors, toi, tu es plutôt poulette, chouchou, ma BFF ou bichette ?

Quiz

Copine de passage ou vraie amie ?

Réponds par OUI ou par NON pour le savoir.

		OUI	NON
1.	Quand elle n'est pas d'accord avec toi, elle te le dit.	O	O
2.	Tu lui dis la vérité sans chercher à enjoliver la réalité.	O	O
3.	Elle ne te copie pas, tu ne la copies pas. Chacune garde sa personnalité tout en s'inspirant de l'autre.	O	O
4.	Elle te manque quand tu ne la vois pas pendant trois jours (même moins !).	O	O
5.	Elle ne t'a jamais trahie et t'aide à te sentir à l'aise dans tes baskets.	O	O
6.	Vous vous êtes disputées 100 fois et réconciliées 100 fois !	O	O

Tu as coché au moins trois OUI ?
Alors il y a toutes les chances pour que cette fille soit ton amie !

TA *meilleure* AMIE, *une alliée* PRESQUE PARFAITE

Une meilleure amie n'est pas une amie comme les autres : avec elle, l'amitié est exceptionnelle. Parfois trop exclusive ? Mais une fille presque parfaite comme toi sait tout partager avec une meilleure amie sans s'enfermer…

L'art et la manière… de lui dire que sa coupe de cheveux est ratée

Lundi matin, ta « best friend » arrive avec une coupe de cheveux pas terrible ! Ne te moque pas d'elle, détends l'atmosphère par une pirouette (« Tu as joué avec tes ciseaux ce week-end ? ») et donne-lui tout de suite un conseil (« Et si tu relèves ta mèche avec une barrette, ce serait mieux, non? »).

Que fait une fille géniale ?

À chaque nouvelle saison, elle file avec sa meilleure amie au Photomaton prendre des photos délire : déguisements, chapeaux fous, coiffures toquées… Et elles collectionnent les clichés pour se voir grandir ensemble.

Petites règles de survie entre amies

Tout se confier ? Oui ! Racontez-vous vos soucis, vos petits ou grands bonheurs. Coups de foudre ou coups durs, *à deux, on est plus fortes !*

Tout avouer ? Tu as oublié son anniversaire ? Dis-lui sans inventer un mensonge qui tomberait à plat ! Présente tes excuses et elle te pardonnera. Avec ta meilleure amie, tu te dois d'être honnête. *C'est la règle !*

Toujours d'accord ? Non. Si tu as un autre point de vue que le sien, dis-lui sans l'agresser. Une vraie amie peut tout entendre. Quand cela se fait dans l'échange et l'harmonie, aucune des deux ne prend le pouvoir sur l'autre, *c'est parfait !*

Toujours disponible ? Oui ou presque. Il faut savoir être disponible, certes, mais une meilleure amie ne doit pas exiger que tu répondes présente au doigt et à l'œil. *C'est noté !*

Toujours ensemble ? Une amie qui fait tout comme toi, mêmes goûts, mêmes envies, mêmes pensées, c'est sûr, c'est rassurant. Mais votre amitié risque de tourner en rond si elle n'est jamais renouvelée par d'autres points de vue. Ayez l'une et l'autre d'autres amies. En cours de gym, par exemple, quand le prof vous demande de vous mettre par deux, allez vers d'autres : *duo, oui, solo, non !*

Amitié ≡ fidélité

Oui, tu veux garder ton amie pour la vie, tu es sûre qu'elle sera la marraine de tes enfants mais, en attendant, il faut qu'elle puisse compter sur ta fidélité au quotidien.

La fidélité, c'est le respect.

Vrai : C'est respecter l'autre et ses idées, l'accepter telle qu'elle est avec ses qualités mais aussi ses défauts.

La fidélité, c'est aimer.

Vrai : Pour être fidèle, il faut forcément être attachée à une amie ! Même si ce n'est pas toujours évident et que vous pouvez traverser des caps difficiles, la fidélité consiste aussi à essayer de voir le meilleur chez tes amies.

Vrai ou faux

La fidélité, c'est être là pour s'amuser.

Pas seulement ! La fidélité c'est être présente dans toutes les circonstances, quoi que tu penses de la situation, et même si ce n'est pas rigolo tous les jours.

La fidélité, c'est l'exclusivité.

Faux : En amitié, l'exclusivité n'est absolument pas une forme de fidélité. Tu peux être fidèle à ta meilleure amie mais avoir de nombreux autres amis qui t'entourent.

QUI SE RESSEMBLE, s'assemble...

Pas toujours !

Ce n'est pas parce qu'on s'adore qu'on doit toujours aimer les mêmes choses. Une seule règle d'or : la tolérance.

• **Ta meilleure amie aime les maths, toi le français ?** Tant mieux, vous allez pouvoir vous entraider.

• **Elle pense que tu joues à des trucs de bébé ?** Si elle reste campée sur ses positions, pas de panique, on s'explique ! Vous pouvez être amies sans pour autant partager tout le temps les mêmes passions.

• Est-on obligées d'être d'accord pour être raccord ?

Bien sûr que non ! Quoi de plus ennuyeux que d'entendre toujours « moi aussi », « comme moi »… Les différences créent les conversations et enrichissent la discussion. Ne pas être d'accord ne veut pas forcement dire se disputer.

Ressembles-tu à ta meilleure amie ?

Réponds aux questions puis lis le test à ton amie sans lui révéler tes réponses. Vous verrez si vous êtes de vraies jumelles de caractère ou des opposées qui s'attirent.

	Toi	Ton amie
L'humoriste qui te fait mourir de rire :	?	?
Ton animal attitré :	cheval	chat
Ton sport favori :	Natation syncro	natation syncro
Ta série préférée :	?	?

UNE JOURNÉE de stars

Une fille vraiment géniale sait choyer sa meilleure amie : comment se concocter une journée spa pour vivre ensemble un pur moment de délice ?

Matin

OPÉRATION GOMMAGE

Dès l'arrivée de ta meilleure amie, direction la salle de bains.

Pour une peau divine, préparez un gommage maison : mélangez 1 cuillerée à soupe de sel fin avec 1 cuillerée à soupe d'huile d'amande douce. Appliquez cette préparation avec de légers massages circulaires sur tout le corps. Insistez sur les zones plus rugueuses : les coudes, les genoux, la plante des pieds. Puis rincez à l'eau tiède. Attention à ne pas glisser dans la douche. Terminez en appliquant une crème hydratante pour le corps.

Midi

DÉJEUNER SAVEURS EN CHAMBRE

Préparez des plateaux-repas à grignoter dans ta chambre.
Au menu, diététique et couleurs : tomates cerise, bâtonnets de carotte, courgette et concombre à tremper dans une sauce light (crème légère, citron et ciboulette), fruits frais et carrés de chocolat noir.

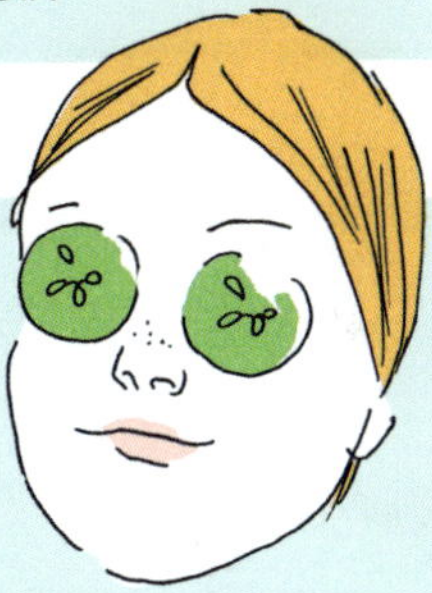

Après-midi

PAUSE BEAUTÉ POUR LE VISAGE

Offrez à votre visage un teint doux et reposé.
Posez 2 rondelles de concombre sur vos paupières fermées et recouvrez le visage d'une serviette humide et chaude. Allongez-vous 10 minutes sur le lit. Puis rincez à l'eau fraîche. Le résultat sera bluffant.

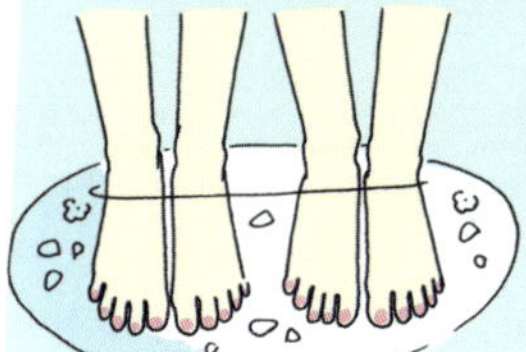

EN SCÈNE, DES PIEDS AU TOP

Faites tremper vos pieds dans une bassine d'eau tiède pendant 10 minutes. Séchez-les avec une serviette en passant bien entre les orteils. Coupez les ongles avec des ciseaux sans arrondir les coins. Puis massez-vous en faisant rouler une balle de tennis sous chaque pied. Peu à peu, une sensation de relaxation vous envahira. Terminez en posant une base brillante de vernis à ongles transparent.

2 et + = de la BFF au TRIO à la bande

QUAND LE duo DEVIENT trio

**On est deux et tout va pour le mieux.
Quand on passe à trois, doit-on s'attendre à des dégâts ?**

Avant (deux amies)

Pas toujours facile de trouver un jeu de société **à deux.**

Être deux, c'est super pour papoter, pour échanger ses idées.

À deux, on peut se fâcher et difficile de se rabibocher.

À deux, on se met d'accord pour faire une activité et c'est parti !

JE N'AI PAS D'AMI(E)(S)...

Tu souffres de solitude réelle ou tu n'as pas encore trouvé l'amie sincère à qui tu rêves de tout dire. Ouvre-toi aux autres, va vers les gens, combats ta timidité et tu verras qu'il y a certainement une amie qui t'attend quelque part !

Après (trois amies)

C'est cool ! **Trois**, c'est un nombre parfait pour jouer !

Être trois, c'est encore mieux ! Trois fois plus d'idées, trois fois plus de raisons de bavarder.

À trois, il y en a toujours une pour réconcilier les deux autres !

À trois, on n'est pas toujours du même avis, mais vous aurez aussi plus d'arguments pour convaincre votre copine réticente.

L'amitié FILLE-GARÇON : mythe ou réalité ?

Une amitié entre un garçon et une fille, est-ce (vraiment) possible ?

Argument 1

À l'adolescence, tu ne vis pas les mêmes choses, tu n'as pas les mêmes envies que les garçons mais pourtant être amie avec l'un deux peut t'apprendre des tonnes de choses sur le sexe opposé.

Argument 2

Il ne faut pas se fier aux apparences. Tes copines ne sont pas non plus toutes conçues sur le même moule. Repousser l'amitié des garçons sans raison, ce serait dommage !

Argument 3

L'humour rapproche : on aime toutes et TOUS rire. L'humour n'a pas de sexe !

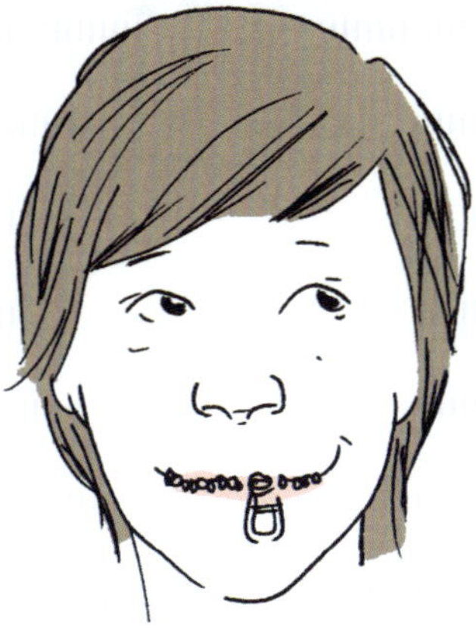

Argument 4

Certains garçons savent s'arrêter de faire les malins pour t'écouter et même te parler, se confier ! Un garçon peut avoir un point de vue différent. En plus, il tiendra peut-être plus sa langue que cette peste de Violette.

Argument 5

Un garçon peut être sensible, pleurer, aimer les films romantiques et discuter calmement. Et d'ailleurs, une fille est-elle forcément une personne ultra-sensible et qui déteste chahuter ? Bien sûr que non !

Le sais-tu ?

Les garçons sont des personnes comme les autres (si, si, c'est vrai !). Une amitié sans ambiguïté entre une fille et un garçon, ça existe vraiment !

Entrer DANS LA BANDE

Appartenir à une bande, c'est magique. On se sent pousser des ailes et on est prête à tout affronter.

À un moment ou à un autre, quelque chose vous a rapprochées : la même école, le même cours de danse, vous êtes voisines ou passionnées de chevaux. **UNE BANDE, C'EST PARTAGER DES CHOSES.**

Vous passez votre vie scotchées les unes aux autres et pourtant à peine êtes-vous séparées que vous avez encore des tonnes de choses à vous raconter. **UNE BANDE, C'EST NE JAMAIS VOULOIR SE QUITTER.**

Faire les folles, discuter, se moquer (un peu), rigoler (beaucoup), partager ses idées, chanter, se balader, organiser des soirées ou, tout simplement, squatter et glander !
UNE BANDE, C'EST DES SOUVENIRS GRAVÉS À JAMAIS.

Si tu as le cœur lourd, si tu as un problème, si tu as le moral dans les tongs, une belle bande de copines saura te redonner le sourire, c'est sûr !

UNE BANDE, C'EST POUVOIR TROUVER DU RÉCONFORT.

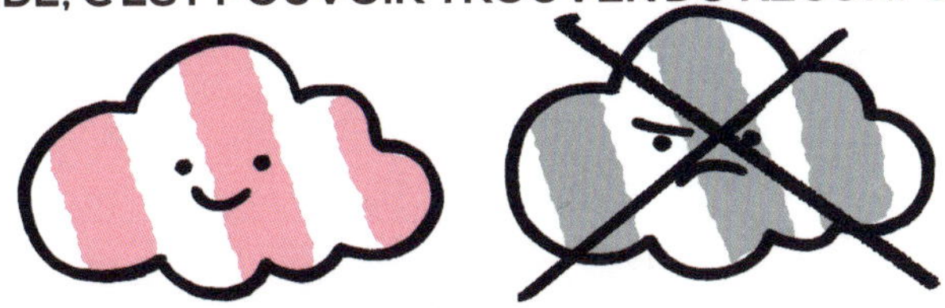

La REINE DE LA fête

Trucs et astuces pour réussir une soirée de fille géniale.

La fête chez miss parfaite

THÈMES DE SOIRÉE :

- ➔ soirée karaoké ambiance vintage : rien que des tubes des années 1980... en costumes
- ➔ soirée mystère : mots de passe à l'entrée, atelier codes secrets, crime à élucider, lampe de poche recommandée

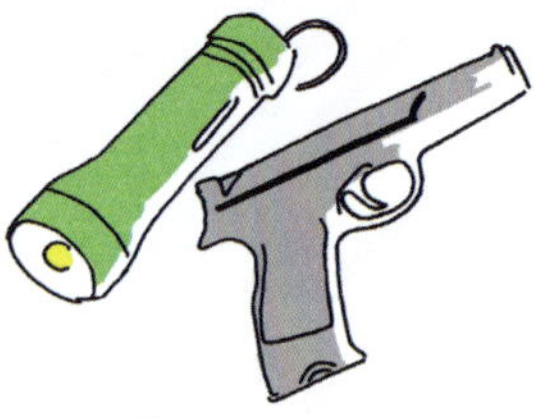

- ➔ soirée frissons : grands jeux dans le jardin à la lumière de la lune
- ➔ soirée podium : défilé de mode et élection de miss parfaite
- ➔ soirée aventurières : chasse au trésor déguisée

- ➔ soirée star : relooking, atelier maquillage et séance photos
- ➔ soirée improvisation : deux équipes se défient sur des sujets tirés au hasard
- ➔ soirée petit écran : quiz sur vos séries préférées

Préparatifs

1 MOIS AVANT

Décide du type de fête : le lieu, l'horaire, le thème, déguisé ou pas, etc.

3 SEMAINES AVANT

Remets les cartons d'invitation (faits par tes soins). Mais sois discrète ; ceux qui ne sont pas conviés pourraient être chagrinés. Indique la date de réponse souhaitée.

1 SEMAINE AVANT

Préviens les voisins.

Fais le point : qui viendra et qui sera absent…

Prévois le matériel pour tes jeux et la décoration.

3 JOURS AVANT

Essaie tes vêtements, ton maquillage, ta coiffure. Il faut être impec !

Fais les courses : vaisselle jetable, serviettes en papier, boissons, prévois des propositions salées et sucrées… et n'oublie pas les sacs poubelle grand format !

LE JOUR MÊME

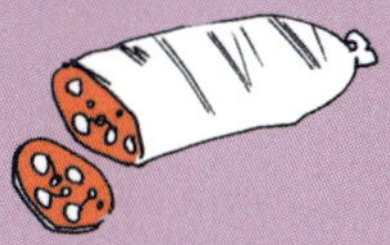

Décore la maison selon le thème choisi.

2 heures avant l'heure : installe le buffet.

Pense à toi : tu t'habilles, tu te maquilles.

Ça y est, la fête commence : accueille chaque invité personnellement.

Idées ++

1 - Fais des photos (beaucoup !) : des portraits à trois ou quatre et une photo de groupe. Souvenirs merveilleux en boîte !

2 - Achète des biscuits cigarette : écris sur des petits papiers des proverbes de ton cru et glisse ces messages roulés dans les biscuits. Chacun repartira avec en souvenir de la fête.

3 - Après la fête : prévois de ranger avec deux ou trois copines. Ensemble, c'est plus sympa.

Quand l'amitié VACILLE...

Nuages EN VUE

Quand tu as quelque chose sur le cœur, comment réagir ?

Quand je prends du temps sans elle, mon amie me fait la tête.

Tu as besoin d'air et ta super amie ne le comprend pas. Être fusionnelles, c'est naturel, mais s'éloigner permet de respirer. Il est important de se ménager du temps pour soi. Explique-lui que tu ne la renies pas, que tu l'adores mais que tu as aussi besoin de te retrouver seule ou avec d'autres copines.

Mon amie est sortie avec le garçon dont je suis amoureuse.

Tu te sens trahie, seule, isolée. Bref, tu as le moral dans les chaussettes. Dans un premier temps, prends du recul et analyse la situation. **Tu es déçue et en colère, c'est normal.** Même si aujourd'hui toute cette histoire te semble insurmontable, tu verras que le temps fera son travail d'apaisement.

Je ne supporte plus que ma copine m'emprunte mes affaires : effaceur, gilet, jeu de console, livre... Tout y passe !

help !

Es-tu égoïste ? As-tu peur qu'elle ne te les rende pas ?

Si tu stresses à l'idée de lui prêter des choses, tu peux :

- Noter ce qu'elle t'emprunte.
- Lui laisser un peu de temps puis la relancer gentiment : « Euh, je ne t'avais pas prêté mon débardeur étoiles il y a 15 jours ? J'aimerais le mettre demain. »
- Passer à la vitesse supérieure. Si après plusieurs rappels, rien ne se passe, dis-lui : « Si je dois te demander vingt fois de me rendre mes affaires, je ne te prêterai plus rien ! »

LA jalousie, L'envie… LES plaies DE l'amitié

La jalousie et l'envie
sont deux vilains défauts.
Voici quelques idées
pour en sortir…

DÉFINITIONS

- L'envie, c'est souhaiter posséder quelque chose que l'autre a.
- La jalousie, c'est vouloir être à la place de l'autre.

*Ce matin-là, Charlotte s'est installée à côté de moi.
J'ai même fait exprès de discuter avec ma nouvelle copine à la récré.
Ça n'a pas du tout plu à Élise !*

Jouer avec la jalousie de ton amie, tu crois vraiment que c'était l'idée du siècle ? Bon, une fois cette réflexion posée, tu n'appartiens pas à ta meilleure amie et tu as donc le droit de te rapprocher d'autres filles. Dis-lui que ça ne change pas tes sentiments vis-à-vis d'elle et que ton cœur est assez gros pour accueillir... tout l'univers ! C'est enrichissant pour toi comme pour elle de rencontrer des personnes différentes. L'amitié, c'est aussi savoir laisser les autres s'amuser.

Sa chambre est plus belle que la mienne.

Tu es jalouse. C'est vrai que tu n'as qu'à regarder autour de toi pour constater tout ce que tu as de plus qu'elle : des parents géniaux et rigolos, un lapin trop mignon, de super notes... Tu as peut-être tout simplement besoin qu'on t'aide à voir le bon côté des choses : le verre à moitié plein plutôt qu'à moitié vide !

Comment DÉSAMORCER LES (PETITS) conflits ?

Est-ce l'heure de la séparation ?

6 bonnes idées pour ne pas rester fâchées

Idée 1

CHERCHE À ÉVITER LES DISPUTES QUAND TU LE PEUX.

Ton amie vient de te dire injustement une phrase blessante. Digère l'information en comptant jusqu'à dix dans ta tête.

Idée 2

DISCUTE À FROID POUR ÉVITER LA DISPUTE À CHAUD.

Mieux vaut attendre d'être calmée avant d'expliquer à ton amie les raisons de ton énervement. Mets de l'ordre dans tes pensées et cours en discuter !

Idée 3

QUAND LA DISPUTE ÉCLATE, INUTILE DE RESTER BROUILLÉES.

On peut être en désaccord, l'exprimer, mais il faut aussi savoir s'excuser ou pardonner. Et comme on dit : « C'est le plus intelligent qui cède ! »

Idée 4

L'HUMOUR DÉTEND L'ATMOSPHÈRE

Ton amie reste campée sur ses positions ? Essaie de la faire sourire ! C'est un bon moyen de vous rapprocher. Vous verrez que vous rirez (bientôt) de votre engueulade.

Idée 5

MIEUX VAUT EN RIRE QU'EN PLEURER…

Préfères-tu rester fâchée à jamais avec ton amie ? Ou lui pardonner ce qu'elle t'a fait et recommencer à lui parler ?

Idée 6

COURAGE…

Écris-lui une carte en mettant juste « Excuse-moi » avec des cœurs. Effet garanti ! Et pourquoi pas un petit poème ?

LE PARDON, C'EST QUOI ?

C'est avoir le courage de passer au-delà de la dispute, de tourner la page sans rancœur.

SE *disputer* C'EST (F)UTILE

Se disputer, ça peut arriver. Il faut savoir se dire les choses. Mais parfois, les vérités ne sont pas toujours bonnes à dire, même en amitié !

Jeanne, 11 ans

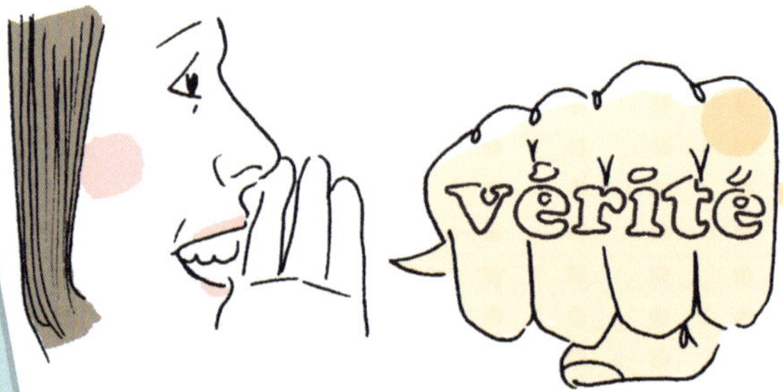

Entre nous, il n'y a jamais de disputes, on n'est pas des filles ! Il n'y a que les filles qui se disputent. Quand on n'est pas d'accord, on change d'idées.

Thomas, 14 ans

On se dispute assez souvent, c'est la plupart du temps de la jalousie, un manque de confiance entre nous ou parce qu'on n'est pas d'accord sur le choix du jeu, qu'on a un avis différent sur quelque chose... Cela peut nous arriver que, pendant une journée, on ne se dispute pas, mais c'est rare ! Et puis, selon la dispute, on se réconcilie assez vite...

Capucine, 10 ans

Quand on est fâchées, il faut que ça sorte. Il vaut mieux se disputer que s'éloigner d'une amie. Quand je me dispute avec une copine, j'attends une à deux heures, et ensuite je demande pardon et on en reparle calmement. Il y a aussi des personnes avec lesquelles on est tellement sur la même longueur d'onde qu'on ne peut pas se disputer deux minutes sans que l'une d'entre nous fasse une blague. Notre amitié est au-dessus de ça !

Perrine, 13 ans

Les amies : ÇA VA, ça vient... ET C'EST BIEN !

3 raisons de lâcher prise

LE TEMPS FILE

Il peut arriver qu'une amitié qui dure depuis la maternelle s'arrête. On n'évolue pas de la même manière : tu es douée en classe, pas ta copine. Tu t'intéresses aux garçons, pas elle. Elle adore voir du monde, tu es casanière... **Et ce n'est pas grave !**

L'AMITIÉ QUAND C'EST FINI, C'EST POUR LA VIE ?

Non, on peut aussi se séparer pour mieux se retrouver des années plus tard.

UNE NOUVELLE TÊTE CHASSE L'ANCIENNE

Tu pensais que ton amie et toi, c'était à la vie à la mort. Oui, mais voilà, depuis que Mélissandre a fait son apparition, ta vie a changé. Tu t'éclates beaucoup plus ! Donc tu as moins envie de voir Lola. **Et ce n'est pas grave !**

DES BROUTILLES ET TOUT VACILLE...

Tout allait pour le mieux : vous faisiez le chemin de l'école ensemble tous les matins, vous vous retrouviez à la récré. Mais depuis quelque temps, elle t'agace pour diverses raisons : elle fait son intéressante, te copie ou te raconte des histoires. Et tu as envie de dire stop, fin de la série ! **Et ce n'est pas grave !**

Amie JOLIE ou Amie ENNEMIE ?

Une amie qui paraît si douce, si gentille peut se transformer en véritable sorcière qui pollue ton univers. Comment reconnaître les signes ?

SI

Célia ne t'appelle que lorsqu'elle a besoin de toi…

ALORS

elle t'utilise comme un bouche-trou. Fuis-la.

EXPRIME-TOI !

Si certaines choses te blessent dans le comportement de tes amies, tu peux commencer par leur dire ce que tu ressens.
À toi aussi de connaître tes limites et de décider ce que tu peux supporter (ou pas !).

SI
Mila n'a jamais de temps à t'accorder, qu'elle a toujours autre chose de prévu pile quand tu lui proposes une soirée-pyjama...
ALORS
elle n'est pas réellement ton amie.

SI
Alex t'a menti et que ce n'est pas la première fois que tu t'en rends compte...
ALORS
votre amitié, basée sur un tissu de mensonges, ne peut pas être sincère.

SI
May-Li fait toujours l'inverse de ce qu'elle dit...
ALORS
ce n'est pas une amie de parole sur qui on peut vraiment compter. À toi de décider si tu peux l'accepter.

HELP ! L'amitié, ÇA peut FAIRE MAL !

Qu'est-ce qu'une amitié qui fait mal ?

On a vu qu'on pouvait se chamailler, se disputer, se réconcilier, se pardonner... D'accord, mais voici les signes d'une amitié qui ne doit pas durer.

- Si tu dois donner des objets à ton amie pour garder son amitié, c'est du racket.

- Si tu dois faire des choses illégales, répréhensibles (fumer, te droguer, voler, boire de l'alcool) ou dangereuses (sauter d'un toit, sortir la nuit).

- Si on te fait subir des actes intolérables ou qu'on t'oblige à faire des choses que tu ne veux pas faire.

- Si tu es harcelée (on t'appelle tout le temps) ou violentée.

- Si tu es victime de racisme, de sexisme ou d'homophobie.

Tous ces signes = Alerte rouge

Tu dois en parler d'urgence à une personne extérieure : prof principal, directeur de l'école, amie de la famille, parents, grand-mère, grand frère, psychologue… Il est (encore) temps que ça sorte.

help!!!

QUELQUES NUMÉROS UTILES :

Fil Santé Jeunes : 0 800 23 52 36 ou 01 44 93 30 74 (depuis un portable)

SOS Dépression : 01 40 47 95 95

SOS Racisme : 01 40 35 36 55

Drogues info service : 0 800 23 13 13 ou 01 70 23 13 13 (depuis un portable)

Enfance maltraitée : 119

SOS Amitié : Selon l'endroit où tu habites, le numéro n'est pas le même, tu trouveras tous les numéros sur le site www.sos-amitie.org

Collectif féministe contre le viol : 0 800 05 95 95

SOS Homophobie : 01 48 06 42 41

Dans tous les cas, si tu te sens mal, si tu déprimes, tu dois en parler.

Et l'amour dans TOUT ça ?

(presque) TOUT SUR l'amour

♥ ♥ ♥ ♥ ♥ ♥ ♥ ♥ ♥ ♥ ♥ ♥ ♥ ♥ ♥ ♥ ♥ ♥

Un jour viendra où tu te sentiras plus attirée par un garçon qu'un autre. Tu auras envie de passer plus de temps avec lui qu'avec ta meilleure amie… et même si ce n'est pas l'amour avec un grand A, ce sera déjà de l'amour.

♥ ♥ ♥ ♥ ♥ ♥ ♥ ♥ ♥ ♥ ♥ ♥ ♥ ♥ ♥ ♥ ♥ ♥

Qui décide ? Toi !

Tu fais partie d'une bande de filles et de garçons et chaque jour vous apprenez à vous connaître. Tu n'as pas encore envie de passer du temps avec un garçon en particulier ? Personne ne doit t'obliger à avoir un petit copain si tu ne le souhaites pas.

Le temps des premiers émois est-il important ? Oui !

Tu éprouves une attirance pour le grand frère de ton amie ou un élève plus âgé du collège, et il occupe toutes tes pensées. Si tu n'oses pas lui avouer ton attirance, c'est qu'au fond de toi tu ne souhaites pas vraiment « sortir » avec lui.

Quand arrive le temps des premiers baisers ? Quand tu en as envie.

Puis vient le temps des vrais rendez-vous, les premiers flirts, une relation privilégiée mais sans rapports sexuels. N'accepte jamais, au grand jamais, de sortir avec un garçon beaucoup plus âgé que toi.

À quel âge ? Il n'y a pas d'âge idéal !

En France, l'âge moyen du premier baiser est de 14 ans et le premier rapport sexuel a lieu en général vers 17 ans. Mais le bon âge pour toi sera celui que tu choisiras. Plus tôt, plus tard... Pourvu que tu ne te sentes pas obligée.

Garçons ou filles ? À toi de choisir !

Si tu es attirée par les garçons, tu es *hétéro*sexuelle ; par les filles, tu es *homo*sexuelle. Mais l'adolescence est la période où l'on cherche sa sexualité et ton penchant s'imposera petit à petit.

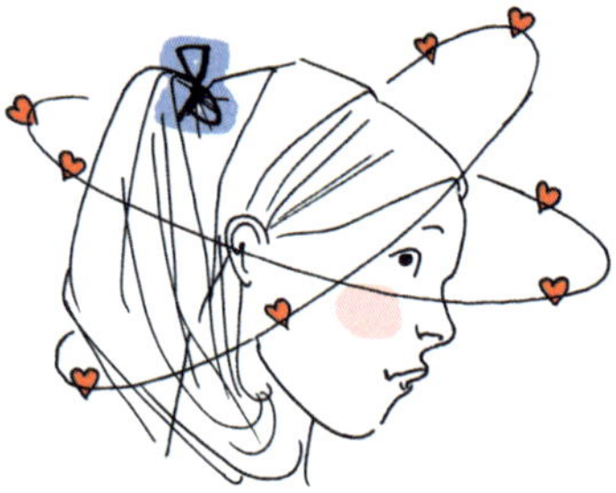

Love, ETC.

Que tu sois amoureuse depuis la maternelle ou que ton cœur n'ait encore jamais battu pour un garçon, tu te poses, comme toutes les filles même les plus géniales, plein de questions sur l'amour.

Comment sait-on qu'on est amoureuse ?

Un garçon te fait tourner la tête, tu as l'impression d'être bien et bizarre à la fois, tu ressens un mélange de peur et de joie. C'est ça être amoureuse, ne te pose plus la question.

Tu n'as pas d'amoureux, c'est normal ?

Pour l'instant, les garçons ne sont pour toi que des bons amis (ou même des idiots !). Ne t'inquiète pas, il n'y a pas d'âge pour tomber amoureuse. Et il n'y a pas d'urgence !

Et si tu ne l'aimes plus ?

Si tu ne nages plus dans le bonheur, évite de te noyer dans le mensonge ! Avoue-lui que tu ne l'aimes plus sans chichis. Ce sera moins douloureux pour vous deux. Tu perdras un amoureux mais tu gagneras peut-être un ami.

Pour déclarer son amour, les bons plans

- Avoue-lui ton amour par téléphone, si tu es timide. **Plan protection maximale.**
- Demande à son meilleur copain s'il a un faible pour toi. **Plan agent secret.**
- Deviens d'abord sa meilleure amie. **Plan proximité.**
- Révèle-lui ton amour dans une lettre et demande-lui ce qu'il pense de toi. **Plan réponse espérée.**

À ÉVITER

Par lettre, par téléphone ou en face, il n'y a pas de recette unique pour avouer son amour mais il y a des faux pas à éviter.

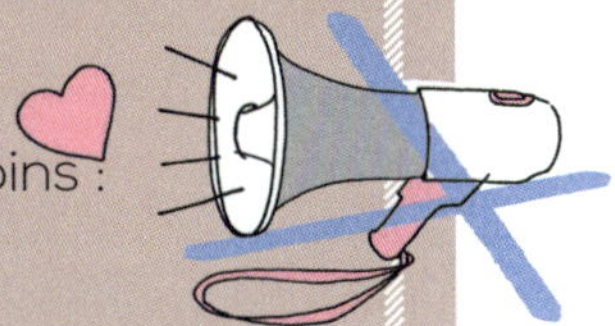

- Dire à un garçon que tu l'aimes devant témoins : s'il est pudique, il sera gêné. Pas sympa.
- Lui envoyer un mot et jouer la carte mystère avec une signature du type « une admiratrice inconnue ». S'il ne te reconnaît pas... Pas gagné !
- Avouer ton amour en duo, flanquée de ta meilleure copine. Pas malin.
- Faire un numéro de claquettes : tu n'es pas au cirque. Sois drôle et passionnée, pas théâtrale !
- Le grand frère de ta meilleure amie : oublie !

L'apparition D'UN GARÇON dans TON COCON

Un amoureux débarque dans ta vie ? Cela va-t-il changer ta relation avec tes amies ?

Chacune réagit différemment quand elle est amoureuse. Il y a celles qui veulent vivre leur histoire à fond, quitte à délaisser (un moment) les copines, et celles qui arrivent très bien à gérer les deux !

Dis à tes amies ce que tu ressens, les difficultés que tu rencontres à devoir tout gérer, la peur de les perdre...

N'oublie jamais : Tu seras bien contente de pleurer dans les bras de tes copines si ton histoire d'amour se finit !

Juste un ami ou ++++ ?

Réponds par OUI ou NON.

	OUI	NON
Tu as déjà rêvé de lui.	O	O
Quand tu le vois, ton cœur bat plus fort.	O	O
Tu rougis quand il te parle.	O	O
Tu aimerais qu'il te serre dans ses bras.	O	O
Tu le trouves trop beau.	O	O

Tu as plus de OUI que de NON ? Alors là, plus de doute possible. Tu es A-MOU-REUSE !

TOMBER AMOUREUSE D'UN COPAIN, COMMENT FAIRE?

La frontière entre ami et amoureux peut être mince. Si tu penses que tu es amoureuse, il faut régler la situation. Et s'il te rejetait, et s'il se fâchait ? Et si ça cassait votre belle amitié ? C'est à toi de sentir les choses, de tâter le terrain puis de trouver le bon moment pour lui parler.

papa
dad
mum
bébé
mamie papi
maman
divorce

Toi et ta famille, un équilibre à trouver

zoom SUR DES FAMILLES en or

Gros plan sur 4 portraits de famille.
À laquelle appartiens-tu ?

Famille Tout en un

un père
+ une mère
+ leur(s) enfant(s)

Famille Solo

un seul parent + un ou des enfants

Famille Mosaïque

un parent + un beau-parent
+ un ou des enfants

Famille Alter Égo

deux parents du même sexe
+ un ou des enfants

Dans quel type de famille vis-tu ?

Test

Vous partez en vacances demain :

- ▲ Les valises : ok bouclées.
- ■ Et si on allait plutôt à Rome ?
- ● Restera tes jeux à caser.

Un ami vient dîner à l'improviste :

- ● Une pizza et le tour est joué !
- ▲ Il y a toujours de quoi dîner dans le réfrigérateur.
- ■ Mais où sont les couverts ?

Vous visitez un zoo :

- ■ Vous partez voir les singes et vous voyez les ours.
- ▲ Votre credo : les parcours fléchés.
- ● Un coucou aux stars du zoo puis on verra.

Tes parents croient en une vérité :

- ▲ Leur autorité : à suivre les yeux fermés !
- ■ Ton intuition est ton guide infaillible.
- ● Une fois mise sur les rails, à toi de jouer !

Tu as une majorité de

● Chez toi, tout est plutôt cool. L'essentiel est organisé, le reste est à inventer ensemble.

▲ Chez toi, tout roule. Sous ton toit, tout est réglé comme du papier à musique.

■ Chez toi, tout bouge. Se retrouver en forêt alors que vous étiez partis voir la mer… L'improvisation, c'est votre marque de fabrique.

ARRÊT SUR IMAGE : TES *moments* LOVE *et* DÉLIRE EN FAMILLE

Aux anniversaires, à Noël ou en voyage, c'est tellement bon de se lâcher en famille ! Mini récits d'instants de folies.

« En voiture, sur la route des vacances, nos parents mettent toujours la radio à fond. On chante tous à tue-tête. Ma sœur et moi, on saute sur nos sièges comme des folles. »

Alix, 9 ans

Musique dans la peau

Pourquoi c'est chouette :
Un grain de folie partagé, c'est dix fois plus de plaisir.

Le sais-tu ?

Près de la moitié des Français déclarent que le petit déjeuner en famille leur donne le sourire chaque matin. Pour 1 Européen sur 3, c'est la soirée qui est le moment en commun le plus agréable de la journée.

« Au Noël dernier, mon père a imité une chanteuse. Il bougeait son popotin et il parlait avec une voix très aiguë. »

Mya, 9 ans

Show de Noël

Pourquoi c'est génial :
L'humour en famille, c'est comme une baguette magique, tout devient gai et léger.

Anniversaire très foot

Pourquoi c'est bon :
C'est un moment insolite et décalé, comme si ta famille faisait un numéro de complices associés !

« Pour les 9 ans de mon frère, au Salon du foot, on a vu un spectacle de free stylers, des danseurs qui font des figures avec des ballons. Après, dans la rue, on se déhanchait tous. »

Néllie, 11 ans

« Chaque fois que je joue aux cartes avec ma sœur, on se dispute car on n'est pas d'accord sur les règles. L'été dernier, nos parents nous ont conseillé de jouer sans règles. On ne s'est pas chamaillées une seule fois ! »

Clémence, 11 ans

Vacances relax

Pourquoi c'est sympa :
La routine est mise au placard, l'imagination prend le pouvoir !

FAMILLES DU *monde* : MÊME CREDO ?

Découvre d'autres modes de vie de familles dans le monde, mi-proches, mi-éloignées de ton quotidien.

Ailleurs, ce qui ne change (presque) pas

LA MANIÈRE DE DÉSIGNER SES PROCHES.

Le mot «maman» se retrouve dans de nombreuses langues, avec des sons proches : *mama* en chinois ou en arabe, ou *mummy* en anglais. Dans de nombreux langages africains, un enfant appelle «mère» sa véritable maman mais aussi ses tantes maternelles ou les autres épouses de son père. Et pour parler de son frérot ou d'un cousin, il utilisera le même mot : «frère».

LES FÊTES DE FAMILLE.

Les anniversaires, les naissances ou les mariages sont célébrés autour d'un repas. En Chine du Sud par exemple, lorsque bébé a un mois, un déjeuner réunit tous les proches des parents. Les invités repartent avec des œufs colorés en rouge, couleur du bonheur.

Ailleurs, ce qui est différent

UN HOMME PEUT AVOIR PLUSIEURS ÉPOUSES.
S'il est marié à trois femmes, il est parfois père d'une dizaine d'enfants.
Où : Dans des villages du Mali ou de l'Inde par exemple.
Pourquoi : Dans ces territoires, souvent musulmans, c'est une très ancienne tradition.

L'ÉCOLE EST TRÈS LOIN.
Certains enfants marchent plusieurs kilomètres chaque matin pour aller en classe.
Où : Par exemple dans des coins très isolés du Kenya ou à la pointe de l'Amérique du Sud.
Pourquoi : Dans ces pays souvent pauvres, il n'y a pas de transport pour relier les villages à l'école.

LES ENFANTS TRAVAILLENT PARFOIS TRÈS JEUNES.
Entre 5 et 14 ans, 1 enfant sur 6 travaille dans le monde. Ils sont exploités dans des usines, des mines ou des plantations.
Où : Dans des régions d'Asie du Sud, d'Amérique du Sud ou d'Afrique en particulier.
Pourquoi : Leurs parents sont trop pauvres pour les nourrir.

SAGES PAROLES

Proverbe japonais : « L'amour d'un père est plus haut que la montagne, celui d'une mère plus profond que l'océan. »
Proverbe italien : « Le meilleur amour est celui des enfants. »

TES PARENTS MODE *d'emploi*

Le temps est à l'orage entre tes parents et toi ? Stop aux conduites qui provoquent leurs foudres. Adopte les bons réflexes.

Tu fais monter la température

- Quand tu marmonnes : « **C'est n'importe quoi** ».
- Quand **tu lèves les yeux au ciel.**
- Quand **tu poses ton cartable au milieu de l'entrée.**
- Quand tu **repousses le moment** de faire tes devoirs.
- Quand tes parents **doivent t'appeler trois fois** pour passer à table.
- Quand **tu ne nettoies pas** tes chaussures pleines de boue au retour du foot.

Tu fais descendre la température

-Si tu restes **positive et polie**: « Je pourrais utiliser ton ordi s'il te plaît quand tu auras fini de consulter tes mails ? »

-Si tu fais **le premier pas** après l'orage : « Désolée d'avoir râlé pour laver mon assiette. »

-Si **tu t'organises dans ton travail** : tous les soirs, tes devoirs sont terminés avant le dîner.

-Si tu passes à table **sans te faire prier**.

-Si **tu ranges ta chambre** tous les dimanches comme promis.

-Si **tu éteins la lumière à 21 heures** le soir pour dormir les neuf heures de sommeil indispensables à ton équilibre.

UN CONTRAT ENTRE VOUS

- À quoi ça t'engage ? À respecter les règles de vie de famille.

- C'est à sens unique ? Pas forcément. Tes parents peuvent promettre par exemple de te consacrer plus de temps : un tour à la patinoire ou une partie de baby-foot le dimanche.

- C'est un accord écrit ? C'est mieux. En cas de contestation, pas de discussion : tout est noté.

4 comportements qui rendent tes parents maboubs

1

TON INSOLENCE LES PROVOQUE.

- Pourquoi ? Ils ne sont pas tes copains et ils s'attendent à ce que tu t'adresses à eux avec plus de correction. De leur point de vue : ton trop direct = manque de respect.

- Évite les « c'est bon, ça va ».
- Dis plutôt : « d'accord, je m'en occupe ».

2 TES GÉMISSEMENTS LES AGACENT.

- Pourquoi ? Tu te plains juste à la minute où ta mère rentre des courses les sacs à la main : « C'est pas juste : les parents d'Eva lui ont acheté un portable et moi je n'en ai toujours pas ! »

- Évite de geindre comme un « bébé ». En plus, un instant mal choisi rend tes chances riquiqui.
- C'est mieux si tu la sollicites à un autre moment et sans trémolo dans la voix.

3 TES PETITS MENSONGES LES DÉÇOIVENT.

- Pourquoi ? Ils découvrent avec stupeur la mauvaise note que tu avais soigneusement évité de leur avouer. Leur confiance en toi est ébranlée. Tes résultats scolaires les préoccupent parce qu'ils souhaitent que tu réussisses tes études.

- Évite de mentir. Ils s'en rendront compte tôt ou tard.
- Joue franc jeu = zéro angoisse d'être découverte.

4 TA DÉSOBÉISSANCE LES MET EN COLÈRE.

- Pourquoi ? Tu es rentrée plus tard que prévu. S'ils te fixent un horaire, c'est pour t'éviter des risques inutiles. Lorsque tu désobéis, tu remets en question leur autorité et les valeurs qu'ils veulent te transmettre.

- Renonce à ton côté trop rebelle, c'est immature.
- Commence par respecter les règles de vie en famille si tu veux être traitée toi aussi avec considération.

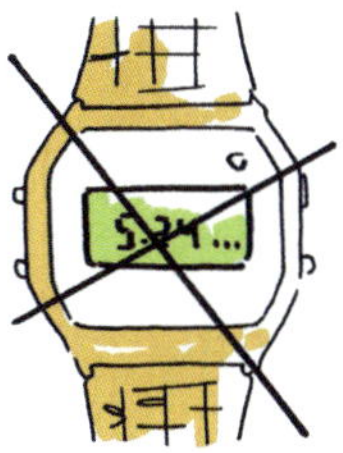

ta FAMILLE est trop DIFFÉRENTE des AUTRES : ÇA TE gêne !

**Ton père est un original ou ta mère est très expansive.
Tu voudrais que tes parents passent plus inaperçus.
Tes solutions chics à leurs petits tics.**

1. Look un peu lourd

- Ce qui se passe : Ton père porte des chemises colorées, motif oursons ou gros cœurs.
- Pourquoi ça te dérange : Tu le trouves ridicule et tu as peur de devenir la risée de ta classe.
- Ce que tu peux faire : Demande-lui de porter des tenues plus discrètes lorsqu'il vient te chercher à l'école. Complote avec ta mère : un compliment sincère chaque fois qu'il opte pour une chemise moins olé olé !

TA SŒUR EST HANDICAPÉE.

Les autres la regardent parfois avec insistance et cela te gêne. S'ils s'adressent à elle, c'est sur un ton désolé ou maladroit parce qu'ils ne savent pas comment se comporter. Explique-leur qu'ils peuvent communiquer avec ta sœur comme avec une personne normale sur un ton naturel.

2. Culture différente

- Ce qui se passe : Tes parents viennent d'un continent aux coutumes différentes de celles de l'Europe. Ils parlent mal le français, avec un accent prononcé.

- Pourquoi ça te dérange : Tu es leur traductrice attitrée auprès des autres. Tu as l'impression qu'on les regarde parfois comme des incultes.

- Ce que tu peux faire : Invite tes copains à un après-midi découverte du pays d'origine de ta famille. Un dessert à déguster, un bandeau sur les yeux pour se laisser surprendre par des saveurs inconnues. Des pas de danse traditionnelle à enchaîner, pour s'éclater bras dessus bras dessous.

3. Décibels à gogo

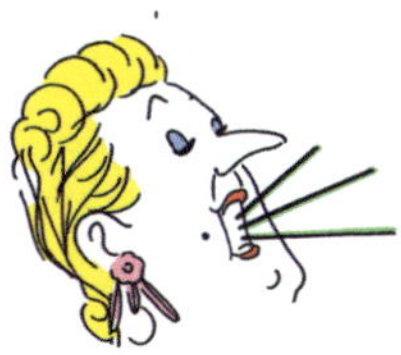

- Ce qui se passe : Ta mère rit et parle très fort.

- Pourquoi ça te dérange : Tu penses que tout le monde a le regard braqué sur vous.

- Ce que tu peux faire : Lui dire d'être plus discrète et un peu moins démonstrative. Et si tu lui offrais une jolie boîte à mots ? Plutôt que te mitrailler de bisous à tout instant devant tes copains, propose-lui d'y déposer ses mots tendres et réponds-lui à ta façon, en messages ou en dessins.

STOP À L'AUTOCRITIQUE

Tu te sens coupable parce que tu as honte de ta famille. Comme tous les enfants de ton âge, tu veux te fondre dans la masse et intégrer un groupe d'amis. Tu n'as pas à t'en vouloir pour ça !

TES PARENTS SONT *séparés* : LES PIÈGES À *éviter*

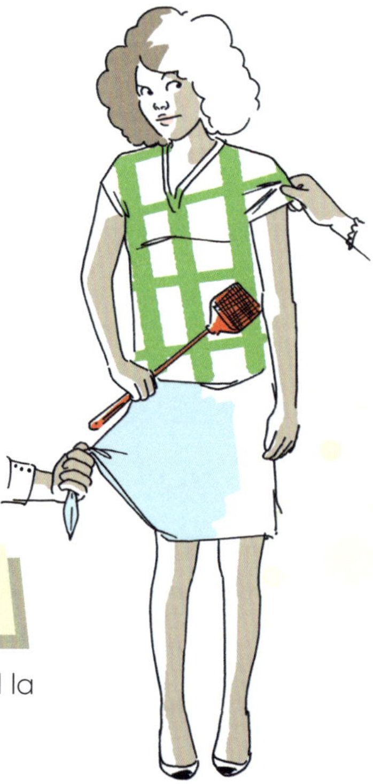

Tu te sens tiraillée entre tes deux parents. Tes astuces pour mieux vivre un quotidien parfois compliqué.

Ton père ou ta mère est malheureux(se).

La raison : Il ou elle supporte mal la séparation.

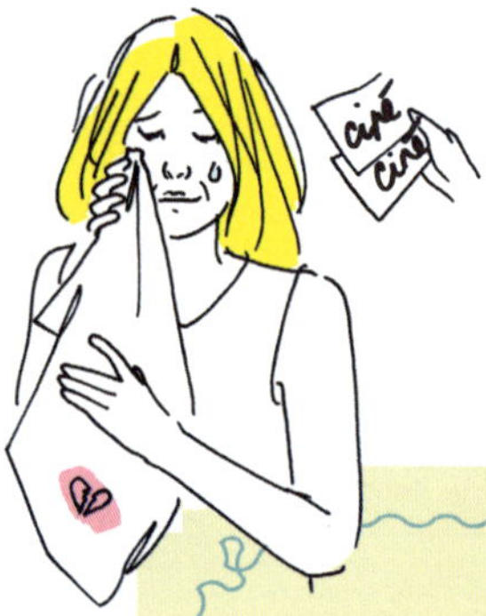

La solution : Ce n'est pas à toi de consoler ta mère ou ton père. C'est le rôle de ses amis ou de ses parents. En revanche, propose-lui d'aller voir une comédie pleine de bonne humeur au cinéma.

LEUR DIVORCE TE REND :

-> Plus dégourdie : d'une maison à l'autre, tu te repères comme une pro.

-> Mieux organisée : tes livres d'école sont en double et, dans ton sac navette, tu as une carte téléphonique ou un portable et les clés de tes deux maisons.

-> Plus responsable : tu envoies un sms pour rassurer ton parent en cas de retard.

Ton père ou ta mère n'a pas acheté ton cartable de rentrée comme promis.

Le souci : L'un de tes deux parents est furieux : le cartable, c'est un budget !
La parade : Customise ton ex-cartable ! Des badges, de jolis stickers et une mascotte à sa sangle pour le personnaliser et il peut reprendre du service. Prêt pour le jour J.

Tes parents se disputent à propos de leurs dates de vacances avec toi.

La raison : Ils cherchent à avoir le dernier mot, c'est-à-dire du pouvoir sur l'autre.
La clé : Rappelle à chacun que l'essentiel, c'est avant tout de prévoir de beaux moments à partager ensemble cet été.

Tes parents se critiquent sans arrêt.

La raison : Chacun veut montrer qu'il est plus à la hauteur que l'autre.
L'issue : Affirme-toi ! Refuse de compter les points. Dis-leur que dénigrer l'autre, c'est s'attaquer à une moitié de toi.

ET SI TU NE VEUX PLUS HABITER CHEZ L'UN DE TES PARENTS ?
À partir de 8 ans environ, tu peux être entendue par le juge des affaires familiales s'il estime que tu es suffisamment mature. Mais il n'ira pas forcément dans ton sens.

TA VIE PRIVÉE, C'EST *sacré* !

Tu trouves insupportable que tes parents mettent leur nez dans ton jardin secret. Riposte avec sagesse à leurs indélicatesses.

3 indiscrétions qui te révoltent

1 TA MÈRE A LU TON CARNET SECRET.

Ce qui se passe : Depuis quelque temps, tu te confies moins à elle et elle a voulu vérifier si tu allais bien.

Que faire ?

1. Exprime ta colère. Elle n'a peut-être pas mesuré les conséquences de son geste. Mais tu vas avoir du mal à lui faire à nouveau confiance.

2. Demande-lui de te parler directement si elle veut se rassurer.

3. Suggère-lui de t'offrir un nouveau carnet avec un cadenas et une clé !

Et toi, ne fouine pas dans les affaires de tes parents ! La confiance, ça marche toujours dans les deux sens.

2 TON PÈRE S'EST RENSEIGNÉ SUR TA NOUVELLE CAMARADE D'ÉCOLE.

Ce qui se passe : Il pense que si tu t'entoures de bons élèves, tu auras de meilleurs résultats.
Que faire ? Mets les points sur les i : tu choisis tes copains pour leurs qualités, pas pour leur niveau scolaire.

3 TA MÈRE A FOUILLÉ DANS TA CHAMBRE.

Ce qui se passe : Comme tu communiques moins avec elle, elle s'imagine que tu as un problème dont tu ne lui as pas parlé et elle s'inquiète.

Que faire ?

1. Explique-lui que tu as besoin d'intimité et que ta chambre est ton espace privé.

2. Fais intervenir un proche de confiance pour lui parler si elle n'est pas convaincue.

TROP SUSCEPTIBLE ? TU ES PERDANTE.

-Tu casses l'ambiance de la famille : faire la tête le jour de la fête des Pères, c'est moyen, non ?
-Tu te prives de moments légers avec tes parents : à cause d'un reproche mal pris, tu boudes en plein resto. Tu passes de la gaieté à la contrariété. Dommage !

TES PARENTS disent « NON » À TES ENVIES ?

POSITIVE !

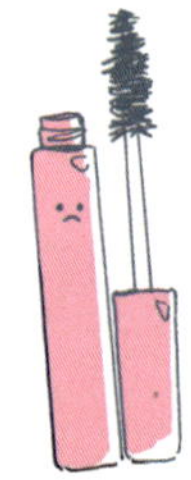

Au secours : tu voudrais vivre ta vie mais tes parents te mettent des bâtons dans les roues ? Ce kit de survie est fait pour toi.

Je n'ai pas le droit de recouvrir les murs de ma chambre de posters.

Ton but : Tu veux faire de ta chambre un écho total à ta passion, la moto.

En réalité : Ta mère redoute de voir ta chambre transformée en un sanctuaire sale ou négligé.

SOS : mesparentsmecensurent.com
Engage-toi à un affichage nickel. Si ta mère campe malgré tout sur ses positions, ne t'entête pas. Mais demande-lui de faire encadrer tes posters favoris.

Ils ne me laissent pas sortir sans leur autorisation

Ton vœu : Tu aspires à faire ce que tu veux, quand tu veux.

En réalité : Ne rêve pas trop, tu es trop jeune pour mener ta vie à ta guise. Tu restes sous la responsabilité et la protection de tes parents.

SOS : mesparentsmemprisonnent.com.
Négocie une part de liberté, comme partir te balader avec tes amis près de chez toi, tout l'après-midi, un samedi par mois.

Ils m'interdisent de me maquiller.

Ton souhait : Tu as envie de te sentir féminine.

En réalité : De la couleur sur tes paupières et du mascara sur tes cils, ce n'est pas de ton âge.

SOS : mesparentsmempêchentdêtrebelle.com.
Mets plutôt ta beauté naturelle en valeur pour une occasion spéciale : une touche de gloss sur tes lèvres et un zeste de blush sur tes pommettes.

UNE FAMILLE SANS INTERDITS, ÇA SIGNIFIE :

- Personne pour te guider, tu ne te sens plus protégée. Pas rassurant.
- Personne ne se préoccupe de ce que tu fais : tu es libre mais tu te sens si délaissée et si peu digne d'intérêt !

LA *confiance*, ÇA SE GAGNE !

Avoir la confiance de tes parents, c'est fantastique parce que c'est rassurant. Mais comment l'obtenir ? Voilà un long chemin qu'une fille géniale saura emprunter. À toi de jouer !

TOI › CONFIANCE EN TOI

Tu as fait quelque chose dont tu ne te croyais pas capable. Comme d'aller à l'école toute seule. Ça veut dire que tu peux avoir confiance en toi ! Indispensable pour gagner celle des autres…

LA CONFIANCE = QUESTION DE DURÉE

La confiance, c'est tous les jours que ça se gagne et surtout ça s'entretient. Le truc essentiel : avec une fille géniale, les promesses en l'air, non merci !

TOI > CONFIANCE EN EUX

Ta grande sœur t'a assuré qu'elle t'aiderait à faire les exercices de maths. Promesse tenue ? Tu sais désormais que tu peux compter sur elle. 100 % confiance, c'est 100 % rassurant ! Si tu peux te fier aux autres, tu auras d'autant plus à cœur de ne pas trahir leur confiance.

EUX > CONFIANCE EN TOI

- Pour gagner celle de tes parents, propose-leur d'acheter le pain en rentrant de l'école. N'oublie jamais ta promesse : passe par la boulangerie chaque soir sans faute !
- Mais ce n'est pas suffisant, mission vérité à présent : tu reconnais avoir cassé le vase du salon… sans accuser le chat ! Cela aurait été pourtant si facile de mentir, bravo !

L'ARGENT ? *Dans* LA POCHE !

Tu reçois de l'argent chaque semaine ou seulement en de grandes occasions ? C'est un accord entre tes parents et toi. Alors prouve-leur que tu peux être une trésorière géniale !

A COMME ACHATS

Les pubs te présentent des jeux, des gourmandises, des petits bijoux… Ultratentant, il faut bien l'avouer ! Et tout est fait pour que tu te sentes nulle si tu ne les possèdes pas. Alors sois une fille géniale en ne cédant pas trop facilement à cet appel : **demande-toi à chaque fois avant de faire un achat si tu en as *vraiment* envie.**

Le sais-tu ?

Les parents qui versent de l'argent de poche mensuellement donnent en moyenne 12 euros si tu as entre 7 et 10 ans, et 16 euros si tu as plus de 11 ans.

B COMME BEAUCOUP (OU PAS ASSEZ ?)

À ton âge, en général, les enfants ne reçoivent de l'argent de poche qu'en des occasions exceptionnelles, un anniversaire ou une fête. **Si tu reçois déjà de l'argent de poche chaque mois, c'est une chance !**

C COMME CAPABLE

Pour montrer à tes parents que tu peux gérer des versements mensuels d'argent de poche, propose-leur un marché sur 1 trimestre : mettez-vous d'accord sur ce que tu vas payer (goûters, cadeaux aux copines, petits coups de cœur...), **puis faites le point au bout de 3 mois. Contrat rempli ?**

D COMME DÉPENSES

Pour 60 % des enfants et adolescents de France, l'argent sert aux loisirs : sorties, livres, accessoires, magazines.

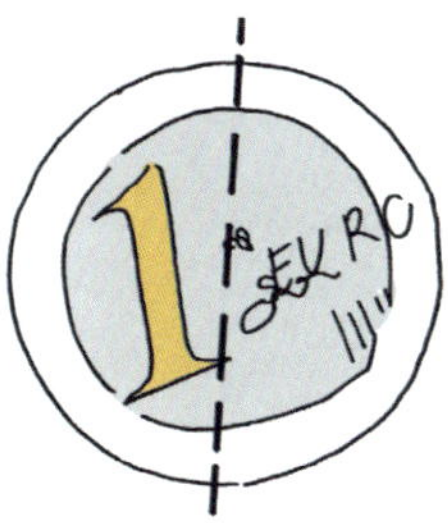

E COMME ÉCONOMIES

Une astuce de fille géniale : coupe la somme que tu reçois en deux ; dépense la première moitié pour toi et mets l'autre moitié de côté pour tes dépenses exceptionnelles.

TRUCS et ASTUCES pour convaincre tes parents

C'est tout un art de demander une faveur à ses parents. Une fille géniale connaît quelques trucs pour l'obtenir…

CHOISIS LE BON MOMENT.

Si tu veux obtenir une faveur, attends que tes parents soient détendus – au moment du coucher par exemple, ou après un bon week-end. Mais le matin avant leur départ au travail ou le soir juste à leur retour à la maison, c'est exclu !

NE SOIS PAS GOURMANDE.

Évite de demander trois ou quatre choses en même temps, une seule autorisation à la fois ! La fille géniale sait remercier : elle rend un service à ses parents, juste pour faire plaisir.

PRÉPARE TES ARGUMENTS.

Tu souhaites aller au cinéma avec ton amie Zoé et tes parents rechignent à dire oui : propose-leur d'appeler Zoé et ses parents pour les rassurer sur l'organisation. Et n'oublie pas : une fille géniale boucle tous ses devoirs avant la sortie ciné.

APPRENDS À RENONCER.

Tes parents ont dit non ! Tant pis. Inutile d'insister, de faire une colère ou de menacer. Tu risques de les braquer. En fille géniale, prends la vie du bon côté.

ATTENTION, ÉVITE LES MALADRESSES...

- Ne dis pas : « Les parents de Lolie, eux, ils ont dit oui ! »
- Ne te transforme pas soudain en petite fille modèle : si tu ranges ta chambre, que tu fais la vaisselle et que tu récures le sol du garage, ce sera suspect !
- Ne tente pas de leur faire pitié : tu risques de les agacer !
- Ne pleurniche pas : un refus, ce n'est pas la fin du monde !
- Ne demande pas une faveur après avoir annoncé une mauvaise note : tu irais droit dans le mur.

les ÉCRANS… aïe aïe aïe, ça DÉBORDE !

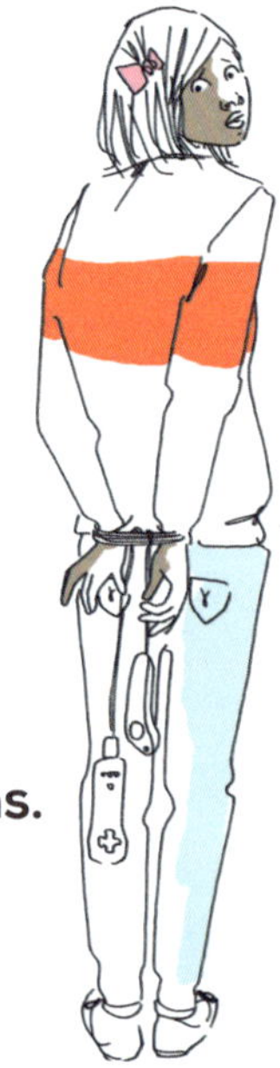

Chat, réseaux sociaux, console, télé… une fille vraiment géniale sait rester libre face aux écrans.

Je suis privée de console, quelle galère, j'avais de super scores ! Tout ça parce que j'ai eu de mauvaises notes en classe ! Du coup, je tourne en rond. J'ai l'impression que je n'ai plus rien d'intéressant dans ma vie. Je suis accro ?

Zina, 10 ans.

Pourquoi tes parents t'ont interdit les écrans ?

- Tu consacrais beaucoup de temps et d'énergie aux jeux vidéo, au détriment de ta vie sociale.
- Tu bâclais tes devoirs pour jouer le plus vite possible. La sanction est tombée…

→ Tu as des amies de classe. Pourquoi ne pas faire vos devoirs ensemble avant de jouer aux jeux vidéo ? Plus motivant !

→ Améliore tes résultats durablement, tu pourras ensuite négocier avec tes parents ton temps de présence devant l'écran.

Que fait une fille géniale ?

Elle utilise les écrans mais elle privilégie les vrais contacts ! Elle rassemble ses amies chez elle pour une soirée délire devant un télé-crochet, par exemple. On rit, on chante, on danse… devant l'écran mais ensemble.

Mes parents me laissent surfer sur Internet, mais je dois respecter des horaires. C'est pareil pour la télé ! Pas plus de 1 heure le mercredi. Et jamais sans le contrôle de mes parents.

Lorrine, 11 ans.

Pourquoi tes parents t'autorisent tout mais avec modération et contrôle ?

- Trop de temps devant l'écran fatigue les yeux et donne mal à la tête.
- Sur Internet, les infos ne sont pas toujours vérifiées.
- Tu peux infecter ton ordi par des virus en téléchargeant des jeux ou des musiques. Ne le fais que sur des sites sécurisés et payants.

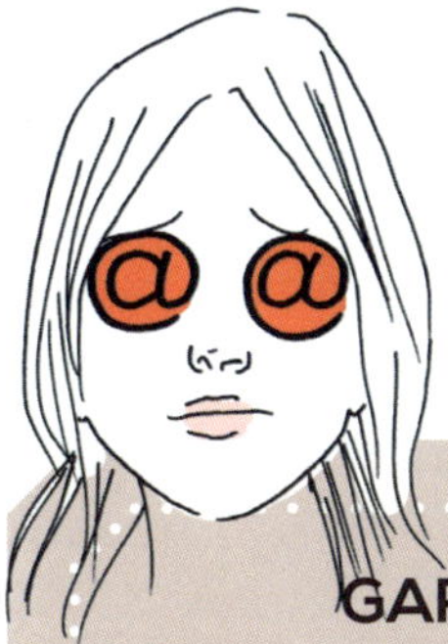

GARDER LE CONTACT, OUI... MAIS PAS À N'IMPORTE QUEL PRIX !

Communiquer mais... avec qui ?

Les réseaux sociaux permettent de se tenir au courant des activités des uns et des autres, c'est vrai. Et même si internet peut permettre de rester en contact avec tes copines, ça ne remplacera jamais une vraie séance papotages !

DES (nouveaux) MONDES, (nouveaux) AMIS *pour la vie ?*

Grandir, c'est accéder à des mondes nouveaux. Sur les écrans ou dans la vraie vie, ils sont attirants mais parfois trompeurs. Alors, comment éviter les pièges ?

GARE AUX BAVARDES

Sur Internet, utilise un pseudo et ne donne jamais ton adresse postale. N'accepte jamais de rencontrer quelqu'un que tu ne connais que par Internet.

HALTE AUX SITES EFFRAYANTS

En cherchant une info sur Internet, tu peux tomber sur des images effrayantes ou choquantes. Et tu n'auras pas forcément le temps de t'en protéger. Parles-en aussitôt à tes parents.

À BAS LES CRÉDULES

Évite de transférer certaines infos incroyables à tout ton carnet d'adresses. Elles sont souvent fausses.

INTERDIT AUX MOINS DE 12 ANS, UNE CHANCE

Un film interdit aux moins de 12 ans comporte des scènes qui peuvent t'impressionner. Sur le coup, cela te semble amusant de désobéir, mais cette interdiction est une protection.

LES RÉSEAUX SOCIAUX : POSSIBLE OU IMPOSSIBLE ?

Les réseaux sociaux comme Facebook sont interdits aux moins de 13 ans. Cette interdiction est là pour te protéger, pas pour te brimer.

BLAGUES SUR BLOGS

Sur ton blog, tu as envie de t'amuser et de dire ce que tu penses. Attention : tu es responsable de tout ce que tu écris et ces messages te suivront pendant des années.

LES AUTRES, C'EST PARFOIS LA JUNGLE

On a parfois tellement envie d'être intégré dans un groupe qu'on est capable de tout pour se faire accepter, mais cela peut être dangereux.

UNE FRATRIE idéale, ÇA EXISTE ?

TA PLACE TU Y tiens

Tu es l'aînée ou tu es arrivée plus tard. Les plus et les hics de ton statut dans ta tribu.

Enfant unique, le bonheur ?

Génial : Toute l'attention de ta mère et de ton père est concentrée sur toi.

Zut : Par moments, tu préférerais avoir une fratrie pour partager tes jeux mais surtout le trop-plein d'amour et d'inquiétude de tes parents.

Le risque : Te regarder un peu trop le nombril. Par chance, grâce à tes amis, tu t'ouvres sur les autres.

Tu es l'aînée.

Génial : Tes parents te font confiance. Dans la journée, tu peux rester seule ou sortir avec tes amis. Le soir, tu te couches plus tard que ton frérot ou ta sœurette.

Zut : Ton père et ta mère te confient beaucoup de responsabilités, comme surveiller le petit dernier, et montrer l'exemple.

Le risque : Avoir trop de pression sur tes épaules. Explique à tes parents que tu as besoin de souffler. Pouce tous les mercredis ! Ce jour-là, tu es aux abonnés absents.

Tu es la cadette.

Génial : Comme l'aîné a essuyé les plâtres, tu hérites de parents plus détendus.
Zut : Tu es coincée entre deux statuts, trop grande pour être câlinée, trop petite pour regarder un film d'horreur.
Le risque : Que tes parents t'accordent moins d'attention. Mets tes talents un peu plus en avant. Tu es douée pour le dessin ? Croque des portraits des membres de ta famille. Puis tends une ficelle, par exemple entre deux arbres dans ton jardin, et suspends tes petits chefs-d'œuvre avec des pinces à linge. Vive ta première expo !

Tu es la dernière.

Génial : Tes parents ont tendance à te gâter. À tort ou à raison, tu as la réputation d'être leur chouchou.
Zut : Ils ont du mal à couper le cordon. Avec toi, ils seront peut-être parents pour la dernière fois.
Le risque : Qu'ils te considèrent comme le bébé de la famille. Prouve-leur le contraire. Pour ton départ en classe nature, prépare ta valise. Pour ne rien oublier : fais une liste de tout ce que tu dois emporter.

Le sais-tu ?

4 000 enfants par an sont adoptés en France. Ils ont leur place à part entière dans leur famille de cœur.

Unis POUR LE PIRE ET (aussi) POUR LE MEILLEUR

Avec tes sœurs et frères, c'est fous rires ou foire d'empoigne ! Mais qu'est-ce qui vous lie ou vous sépare ?

3 vérités chocs sur la fratrie

1 LA JALOUSIE, C'EST BON POUR TON EGO.

Tu pâlis dès que ta sœur reçoit plus d'attention que toi. Elle est complimentée pour son devoir de français ? Tu fais illico une démonstration de la prise de judo que ton prof t'a apprise. C'est qui l'artiste ?

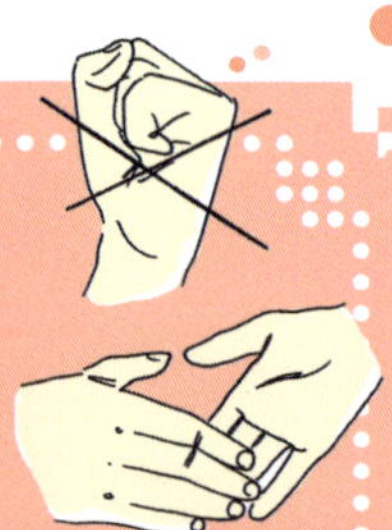

LE PACTE D'UNE FRATRIE UNIE

Tu ne frapperas pas, même à bout de nerfs.

Tu seras là pour les autres, en cas de coups durs.

Tu te réconcilieras après une dispute.

Tu ne rapporteras pas aux parents un secret (sauf s'il est trop lourd à porter).

ENTRE VOUS, C'EST PAS TOUJOURS DU GÂTEAU!

Ta sœur est agressive avec toi.

Ton risque : T'effacer par crainte de ses colères.

Réagis : Explique à tes parents que c'est éprouvant pour toi. Et si tu demandais à passer quelques jours chez ton cousin pour respirer un air plus léger?

Ton frère te répète sans cesse que tu es un laideron.

Ton risque : T'en convaincre.

Réagis : Préviens tes parents. Un savon ferait sans doute du bien à ton frère.

Ta petite sœur a rayé la tablette de ta mère, tu n'as plus le droit de t'en servir. La semaine dernière, tu avais déjà été punie à sa place.

Ton risque : Te percevoir comme la mal-aimée de la famille.

Réagis : Parles-en calmement avec ta mère pour qu'elle agisse de façon plus juste avec toi.

2 LES CONFLITS, C'EST TOP POUR TON QI.

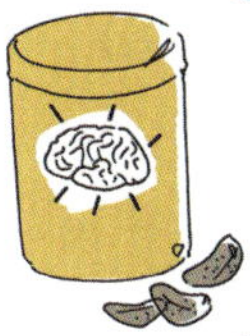

Tu te creuses les méninges pour déjouer les petits coups bas de ton frère. Il te pique tes céréales au petit déjeuner alors qu'il a les siennes? Tu transvases ton bien dans une boîte à biscuits vide. Ni vu, ni connu!

3 L'UNION SACRÉE, C'EST DANS TES GÈNES.

À la maison, ta sœur et toi vous vous regardez parfois en chiens de faïence. Mais, au-dehors, vous faites front : malheur à qui vous critique ou touche à un seul de vos cheveux!

Se dire merci ou s'il te plaît, c'est important.
Journée total respect, météo ensoleillée !

DES *changements* DANS L'AIR ? GARDE LE CAP !

Un départ ou une naissance chamboule ton quotidien. Comment garder une « smile attitude ».

Ton petit frère est né.

CE QUI CHANGE POUR TOI :

Tes parents n'ont d'yeux que pour le divin enfant. De Miss Entrain, tu deviens Miss Chagrin. Tu te sens délaissée.

COMMENT REBONDIR :

1. Joue les baby-sitters d'un baby prince. Tu verras, tu vas aimer ça !

2. Demande à tes parents de s'organiser pour te consacrer un peu de temps, c'est important pour toi et pour eux !

TON ABC POUR UNE POSITIVE ATTITUDE

A comme arrêter de bouder : Un sourire = une belle journée.

B comme bichonner ton look : De nouvelles tenues = bien dans ta peau.

C comme choisir d'être bien entouré : No chamailleries.

TU DÉMÉNAGES !

CE QUI CHANGE POUR TOI :

Tu laisses derrière toi tes amis et tes habitudes. Gare au coup de blues.

COMMENT REBONDIR :

1. Ne perds pas contact avec tes amis, donne-leur de tes nouvelles par mail ou par téléphone.

2. Après les cours, inscris-toi à une activité pour te faire de futurs copains.

3. Imagine la déco de ta nouvelle chambre. Style Mexique : des cactus en pots et une chaise longue. Style nature : les stickers, c'est magique ! Une maxi fleur sur ton mur et des papillons autour.

Ta grande sœur part à la fac.

CE QUI CHANGE POUR TOI :

Elle ne sera plus là à ton retour de l'école. Un sacré vide en perspective.

COMMENT REBONDIR :

1. Avec des amies dans le même cas que toi, fonde le CSSS : le Club des sœurs sans (leurs) sœurs. Au menu : création de bracelets ou de bouquets séchés pour les leur offrir à leur retour le week-end.

2. Ta sœur a grandi, et toi aussi ! Réaménage ta chambre : coussins moins bébé sur ton lit, quelques spots par-ci par-là pour une ambiance party. Customise tes habits : les marques, c'est pas mal, mais ta griffe, c'est top !

TA PETITE *soeur*, TA CHIPIE PRÉFÉRÉE

Décrypte les petites provocations de ta peste de sœurette.

5 raisons pour lui crêper le chignon
5 arguments pour ne pas le faire

ELLE JOUE LA FILLE PARFAITE.

Leçons apprises et coucher à 20h30 tous les soirs !
Et toi, tu trouves ça crispant.
En fait : Ta sœur veut se démarquer de toi et montrer à tes parents qu'elle est quelqu'un de bien, elle aussi. Complimente-la pour ses efforts plutôt que de la prendre en grippe.

FAITES LA PAIX

Avoue que toi aussi, tu la cherches un peu parfois ! Réconciliez-vous en créant une mini-chorégraphie marrante pour vos parents. Un mix de moonwalk et de talons pointes !

ELLE A DÉVOILÉ TON SECRET À TES PARENTS.

Et toi, tu es morte de honte.

En fait : Elle est peut-être trop jeune pour savoir garder un secret sans craquer. La prochaine fois, évite de la tenter.

ELLE SQUATTE LA SALLE DE BAINS LE MATIN.

Et toi, tu risques d'être en retard à l'école, et tu stresses.

En coulisses : Organise-toi. Prends ta douche le soir. Si son but est de te faire râler, son petit jeu cessera vite, faute de combattants. Autre parade, demande à tes parents d'instaurer une règle : à tour de rôle, un jour sur deux, l'une se lave le matin, l'autre le soir.

ELLE A PRIS TON JOLI PULL !

Et toi, tu pestes, tu voulais justement le mettre ce matin.

En fait : Elle trouve qu'il lui va bien et ne se pose pas plus de questions. Fais-lui une piqûre de rappel : « Pour emprunter, il faut d'abord y être autorisée. »

ELLE RENTRE DANS TA CHAMBRE COMME DANS UN MOULIN.

Et toi, tu vis mal cette intrusion dans ton jardin secret.

En fait : Elle est curieuse de savoir ce que tu fais. Impose-lui des codes à respecter. Accroche sur la poignée de ta porte un panneau « ne pas entrer » chaque fois que tu ne voudras pas être dérangée.

Le sais-tu ?

Selon une étude britannique, il y aurait moins de conflits dans une famille de 2 filles que dans un clan de 2 garçons ou de 1 fille + 1 garçon. Le pire : 4 sœurs ensemble. La palme de la plus mauvaise ambiance !

TON *aîné*, UN SUPER-HÉROS ?

Ton aîné en fait des tonnes ? Ne te fie pas aux apparences : il est plus fragile que tu ne le crois !

3 moments où il en fait trop

1 QUAND TA GRANDE SŒUR TE CRIE : « VA ME CHERCHER MA VESTE. »

Ta réaction : Tu n'es pas son toutou.

Décode : Elle abuse de son statut d'aînée ou elle se donne de l'importance parce qu'elle manque d'assurance.

2 QUAND TON FRÈRE TE SERMONNE : « TES COUDES, PAS SUR LA TABLE ! »

Ta réaction : Tu as déjà des parents pour t'éduquer.

Décode : Il joue à l'adulte. En fait, ton ado de frère se cherche. Sorti de la grande enfance mais pas encore dans le monde des hommes. C'est parfois angoissant pour lui.

3 QUAND TA SISTER TE DÉNIGRE : « VOILÀ LA PETITE PREMIÈRE DE LA CLASSE ! »

Ta réaction : Quelle langue de vipère !

Décode : Tu es une menace pour son ego. Quand tu fais aussi bien ou mieux qu'elle, son prestige d'aînée en prend un sacré coup.

3 moments où ton aîné est top !

1 **IL TE CONSOLE DE TES CHAGRINS.**
Trop chic : il est passé par là. Il sait te réconforter.

2 **IL T'AIDE À FAIRE TES DEVOIRS.**
Trop bien : il est fier de tes progrès.

3 **IL T'EMMÈNE À UNE FÊTE.**
Trop cool : il est protecteur et complice.

Test — *Passe-le au détecteur de mensonges.* — *Test*

Une fête en famille est réussie :

- ● S'il y met une touche personnelle.
- ▲ Si tout le monde rit et se régale.
- ■ S'il est là, tout simplement.

Comment séduit-il l'élu(e) de son cœur ?

- ▲ SOS les copains !
- ■ Grâce à son sourire canon.
- ● En tenue classe, mais les doigts croisés !

Et si un feu se déclare chez lui ?

- ■ No problemo : il connaît les gestes d'urgence.
- ● Il réussit à l'éteindre, avec un peu de chance.
- ▲ Il se sauve.

Tu as 2 ou 3…

● Il fait le beau mais il connaît ses faiblesses. Relisez les fables de La Fontaine ensemble et riez des animaux victimes de leur orgueil.

▲ Il se livre avec franchise. Dis-lui que tu es chanceuse d'avoir un aîné aussi « vrai ».

■ Ton aîné roule des mécaniques, jusqu'à mentir à gogo. Ramène-le à la réalité. Lance-lui de temps en temps de petits messages d'alerte.

BÉBÉ, UN TYRAN EN *couches-culottes*

Le bout de chou de la famille se transforme parfois en mini-ogre. Le plein d'astuces pour ne pas le laisser te dévorer.

B COMME BOUGEOTTE

Ce qui te gêne : Entre deux siestes, Bébé gigote tout le temps : ce petit ouragan n'hésite pas à visiter ta chambre en mode turbo.

Ce que tu peux faire : Emmène-le se promener dans ton jardin ou au parc avec ta mère. Roulades dans l'herbe à volonté !

C COMME CHARMEUR

Ce qui te gêne : Personne ne résiste à ses mimiques, et il capte toute l'attention de la famille. Depuis qu'il a pris ta place de petite dernière, la jalousie te guette.

Ce que tu peux faire : Quand Sa Majesté dort, profites-en pour raconter un événement pétillant de ta journée de grande.

J COMME JEU

Ce qui te gêne : Il voudrait que tu joues avec lui tout de suite maintenant. Tu craques !

Ce que tu peux faire : Sois ferme, tu n'es pas disponible sur commande. En contrepartie, consacre-lui un quart d'heure tous les soirs. Crée un récit à épisodes rien que pour lui avec un héros, « Bébé tempête », qui lui ressemble un peu. Succès garanti !

M COMME MODÈLE

Ce qui te gêne : Bébé te suit comme le Messie et il imite tout ce que tu fais. Cela t'agace. Tu voudrais avoir la paix !

Ce que tu peux faire : Détourne sa minipersonne de son mentor. Propose-lui d'imiter les cris des animaux. Mais trois tours puis stop !

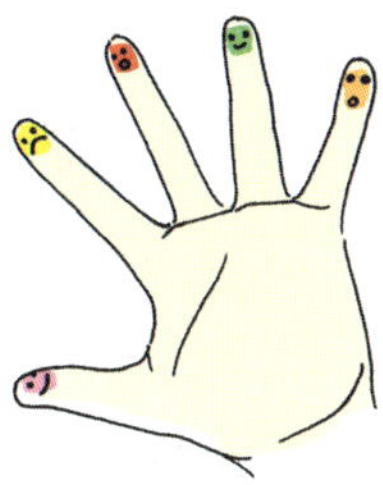

T COMME TYRAN

Ce qui te gêne : La nuit, bonsoir les pleurs. Le jour, bonjour les caprices. Ses cris te dérangent.

Ce que tu peux faire : Bébé pique une colère parce qu'il refuse d'être coiffé ? Agite tes doigts : et hop, des marionnettes improvisées ! Attention détournée, caprice envolé.

Le sais-tu ?

En maternelle, la maîtresse peut proposer aux tout-petits de tourner sur des ateliers de 10 minutes. Leur baby cerveau, encore en formation, ne peut pas se concentrer longtemps sur une activité.

TÂCHES PARTAGÉES, *paix* DANS LE FOYER

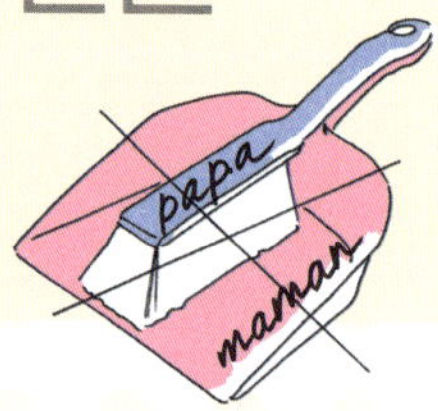

Nettoyer la maison, c'est réservé aux parents.

Faux : *Toute la famille doit participer à maintenir son cocon propre comme un sou neuf. À chaque âge sa contribution. C'est normal et juste.*

Se répartir les tâches entre enfants c'est toujours compliqué.

Faux : *Il suffit d'anticiper pour que tout roule.*

A. *Liste avec tes parents tout que vous pouvez faire sans aide : un coup d'éponge sur la table après le repas ou un coup de balai dans la cuisine.*

B. *Faites un calendrier pour instituer un tour de rôle.*

Le sais-tu ?

L'expression « Laver son linge sale en famille » signifie régler ses conflits en privé.

Vrai ou faux

Faire le ménage, ça s'apprend.

Vrai : Et tu peux gagner un temps précieux !

A. À savoir : fais d'abord la poussière puis passe l'aspirateur. Sinon des microparticules se redéposeront sur ton sol propre.

B. Si tu sais utiliser la machine à laver le linge, finie l'attente interminable pour récupérer propres tes chemises préférées !

Astiquer la maison, cela peut être sympa aussi !

Vrai : À plusieurs, c'est plus marrant et plus stimulant. En tenue de combat, vieux jean et gants de ménage, on passe la serpillière ou l'éponge, et 1-2-3 on bouge ses fesses sur une musique qui balance !

OBJECTIF : zen ATTITUDE

Et si tu prenais le temps de penser à toi et de chasser toutes les tensions que tu accumules en famille ? Petite cure d'antistress efficaces et amusants.

APPRENDS à libérer ton énergie.
Un casque sur les oreilles, branche-toi sur la musique que tu aimes et imagine une dingo-danse. Bouge tes hanches, tes épaules, fais gigoter tes bras de haut en bas.

BICHONNE tes zones sensibles.

1. Place tes doigts sur ta nuque et dessine des cercles de l'intérieur vers l'extérieur.
2. Détends tes épaules : hausse-les puis laisse-les retomber brutalement.
3. Écarte les doigts de ta main, étire-les puis ramène-les en rond, comme si tu entourais une balle.
Pratique 8 fois chaque massage.

CÉLÈBRE la danse du chameau.

1. Assise, jambes croisées, attrape tes chevilles avec tes mains, bras tendus. Maintiens ton dos bien droit.

2. Rejette tes épaules en arrière pour ouvrir ton buste et inspire.

3. Expire, en faisant le dos rond.

À renouveler 10 fois pour un dos détendu.

DÉCIDE de te vider la tête.

1. Assise le dos bien droit, ferme les yeux.

2. Avec ton index et ton majeur droits, prends ton pouls sur ton poignet gauche.

3. À chaque pulsation, compte dans ta tête : « un » quand tu inspires, « deux » quand tu expires, toujours par le nez.

2 minutes de méditation par jour.

ENTRAÎNE-toi à rire.

Au calme, allongée sur ton lit, tu penses à ton dernier poisson d'avril. Tu revois la tête effarée de ton frère quand tu lui avais fait croire que sa chambre était repeinte en rouge fuchsia ! Ris autant que tu veux : cela stimule les défenses de ton corps et fait baisser de façon express ton niveau de stress.

RECETTE DE GRAND-MÈRE

Quelques gouttes d'huile essentielle de camomille, une plante relaxante, dans un bain tout chaud. Et te voilà en apesanteur !

PEPS et BONNE HUMEUR = ticket gagnant

Sais-tu que ton enthousiasme a des pouvoirs extraordinaires ? Il se communique à tous tes proches comme un feu de joie ! Idées vivifiantes pour une ambiance de famille pétillante.

1 Égaie les hivers tristounets.

Célèbre la dent de lait perdue par ta sœurette.
Surprise : un atelier maquillage pour princesse sage.

2 Cultive les petits bonheurs.

1. Imagine une activité pour les journées pluie ou grisaille : tous à vos pinceaux pour peindre ensemble une fresque géante et colorée.
2. Fabrique une médaille maison en l'honneur de ton frère, vainqueur du tournoi d'échecs de son école.
Primo : découpe un cercle dans du carton.
Secundo : recouvre-le de papier d'aluminium.
Tertio : grave avec une pointe de stylo un message, par exemple « Bravo à notre champion ».

3 Libère les mots doux et forts.

Accroche une ardoise et de la craie dans l'entrée. Chacun pourra y inscrire sa tendre prose : « Courage pour ton contrôle de géo » ou « Papa, pour ton entretien d'embauche, je pense fort à toi ».

4 Illumine de délires vos portraits de famille.

Tout le monde en scène pour une photo zinzin ! Ton père pose avec son ciré jaune de marin, ta mère prend le bocal des poissons rouges sur ses genoux, ta petite sœur met son déguisement de sirène et toi, avec tes palmes et malgré ton tuba, tu n'oublies pas de sourire !

5 Chasse le blues du dimanche soir.

Instaure les soirées sourires en fin de semaine. Par exemple, propose de faire un Monopoly ou un jeu de l'oie à l'envers : en partant de la dernière case et en remontant jusqu'à la case départ. Gage garanti à celui qui se trompe de sens en déplaçant son pion !

LA FAMILLE *grand* FORMAT

Ta MAXI FAMILLE = *un* ARBRE ET DES RACINES

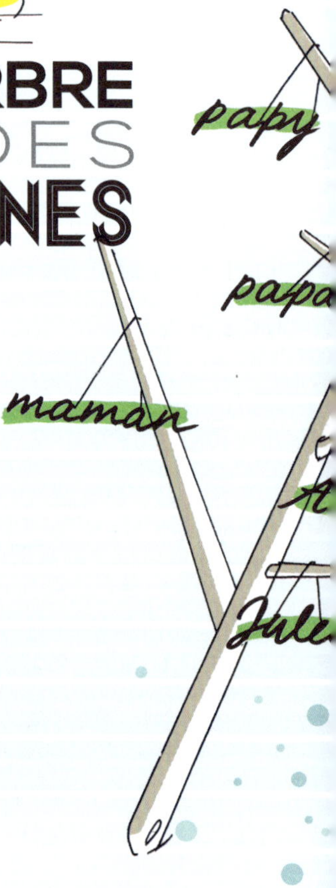

Amuse-toi à réunir les générations de ta famille sur un même dessin. Et suis le cours de ton histoire le plus loin possible dans le passé.

Ton arbre généalogique, pas à pas

1. Arme-toi d'un matériel de choc : stylo et bloc-notes.
2. Questionne tes parents sur leurs frères et sœurs, et sur leurs propres parents.
3. Note les noms et prénoms de chacun, et s'ils ne sont pas célibataires, ceux de leur mari ou épouse et de leurs enfants.
4. Imprime l'arbre de ton choix sur un site d'activités, par exemple www.pearltrees.com/arbre généalogique. Tu peux aussi dessiner un grand arbre avec des branches horizontales espacées les unes des autres.

5. Un niveau de branches = une génération.

6. Trace de gros ronds, comme des pommes, sur chaque ligne de branchage.

7. Indique dans les fruits :

A. Tout en bas de ton arbre, ton prénom et ceux de tes frères et sœurs.

B. Juste au-dessus, tes parents, leurs frères et sœurs.

C. Au sommet, tes grands-parents maternels et paternels.

D. Et un étage plus haut encore, tes arrière-grands-parents.

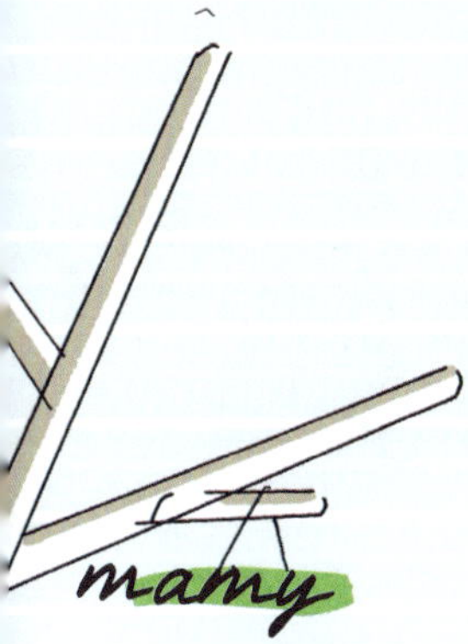

ET SI TU VEUX REMONTER ENCORE PLUS LOIN DANS TA LIGNÉE

– Ce qu'il faut savoir :

1. Avec de la patience, retrouver la trace de ses ancêtres jusqu'à l'époque de Louis XIV, le Roi-Soleil, c'est possible ! Mais plus on recule dans le temps, plus les textes écrits se font rares.

2. Tu dois te faire aider d'un adulte de ta famille pour les démarches administratives.

– Ta mission :

Obtenir les actes de naissance des ancêtres de tes grands-parents maternels et paternels. Pour cela, il faut :

1. consulter les archives des mairies ou des départements de naissance de tes arrière-grands-parents, sur place ou via leur site ;

2. écrire aux communes où sont nés tes aïeux si elles ne sont pas situées en France.

Entre ton passé et ton présent, il y a des liens que tu ne soupçonnes pas toujours. Comment mieux comprendre d'où tu viens et qui tu es.

4 fils pour relier des générations

1 TES ORIGINES

- Ce que tu sais : Ta famille a ses racines dans une région de France ou à l'étranger.
- Résultat : Une visite à ta famille étendue, et te voilà propulsée dans une farandole d'anecdotes sur votre histoire.

2 LES MÉTIERS DE TES ANCÊTRES

- Ce que tu sais : Ton grand-père était instituteur, comme son père et le tien.
- Résultat : La vocation, c'est contagieux dans ta famille. Pas surprenant que tu souhaites être prof.

3 LES GRANDES FIGURES DE TA FAMILLE

- Ce que tu sais : Tu as une grand-mère militante des droits de l'homme ou un arrière-grand-père décoré de la Légion d'honneur.
- Résultat : Un parent avec un idéal, c'est un modèle pour tout son clan.

4 LA PATTE MAISON

- Ce que tu sais : La recette des spaghettis à l'ail de ton père lui vient d'une vieille cousine. La berceuse que ta mère te chantait, ta mamie la lui fredonnait aussi.

- Résultat : Tu transmettras peut-être à tes enfants ces rites. Avec ton grain de sel : un peu plus d'ail dans les pâtes de papa, un brin plus rythmée la berceuse de maman !

Pour faire le plein d'infos

1. Recueille les récits des membres les plus âgés de ta parenté. Quand et pourquoi ta famille a-t-elle quitté sa région ou son pays d'origine ?

2. Feuillette les albums de photos. Ton papy, dans son atelier de menuisier, ou ton arrière-mamie au lavoir. Essaie d'en apprendre plus sur leur vie de tous les jours.

3. À l'occasion d'un mariage, **interroge les plus anciens** amis de la famille. Que savent-ils de ta grand-tante qui vit en Australie ?

4. Fais-toi commenter de vieux films sur ta tribu : Oh les belles vacances à Saint-Malo, en maillots rayés et rigolos !

Tes GRANDS-PARENTS : MAXI BONUS, MINI MALUS !

Bien sûr, ta mamie et ton papy ont leurs défauts. Pas toujours évident de s'en accommoder. Mais au final, tu apprends tellement à leur côté !

Ce qui te plaît

- Tu te sens en sécurité.

Ton père est fâché parce que tu as menti ?
Tes grands-parents dédramatisent : si tu ne recommences pas, tout finira par s'arranger.

TES PETITES ATTENTIONS LES TOUCHENT.

- En vacances, une carte postale tendresse à leur adresser par mms : la photo d'un cœur tracé sur le sable.
- Des gants pour ta mamie frileuse, oui mais avec ta touche ! Couds à hauteur de chaque poignet un joli bouton.
- Un coup de pouce pour débroussailler le jardin ou pour les aider à utiliser leur nouveau portable tactile.

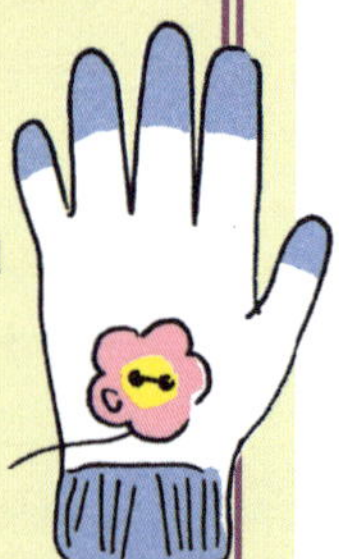

- Tu ris des bêtises de tes parents, petits.
Ta grand-mère te raconte comment ton père, à 3 ans, s'obstinait à balader le chat dans sa poussette.

- Tu apprends en t'amusant.
1. Tu as une mamie gâteau. À toi les après-midi « mains dans la pâte » et les confitures maison.
2. Tu as une grand-mère TGV. Musée et piscine dans la même journée.
3. Tu as un papy nature. Tu repères les coins à champignons ou les nids d'oiseaux.

Ce qui ne te plaît pas

- Ton grand-père se prend pour ton père.
Sois claire avec lui : il n'a pas à t'interdire de porter tes super bottes à clous.

- Tu t'ennuies chez tes grands-parents.
Suggère-leur d'inviter un cousin de ton âge.

- Ils n'ont pas Internet.
Et si tu les initiais à ta passion dans un cybercafé ?

ET SI TU NE LES AS PAS CONNUS?

- Regarde leurs photos avec tes parents et revis avec eux leurs souvenirs.
- D'autres personnes peuvent jouer le rôle de tes grands-parents : un oncle par exemple.

Ton ONCLE, ta TANTE : TES atouts CŒUR

Tata et tonton, tu peux compter sur eux. Mais gare à ce qu'ils ne s'immiscent pas trop dans ta vie de famille.

Pourquoi peuvent-ils t'aider ?

1. Ils posent sur toi un œil extérieur et en général bienveillant.
2. Ils ont des enfants, tes cousins, parfois plus âgés. Leur expérience de parents leur a appris à prendre du recul.

Comment ?

1. Ils t'écoutent et te conseillent sans juger.
2. Ils éclairent ta lanterne. Ton père est sévère : oui mais il a été élève dans un internat très strict.
3. Ils peuvent intervenir avec tact en ta faveur.

Jusqu'où ?

1. Si tu lances des piques violentes contre tes proches, ne compte pas sur eux pour te suivre sur ce terrain.

2. Ils n'ont pas de solution miracle à tes soucis. Mais avec eux, tu les oublies un peu. Comme le jour où tu as fait un tour en montgolfière avec ton oncle.

ZINZIN DE TES COUSINS

1. Vous êtes des copains confidents sans trop d'histoires, parce que vous n'avez pas les mêmes parents et que vous ne vivez pas sous le même toit. Et pourquoi pas baptiser votre sympathique bande, par exemple « la patrouille des fripouilles » ?

2. En vacances, vous êtes des larrons inséparables. Et si vous organisiez des chasses au trésor loufoques ? 2 clans : les Devins et les Pouilleux. Chacun a volé et caché le bien de l'autre. Un os de poulet magique à retrouver pour les Devins, un savon antipoux pour les Pouilleux.

FAMILLES *recomposées* : CASSE-TÊTE SANS *prise de* TÊTE

Ta tribu s'agrandit d'un beau-parent et de ses enfants, parfois d'un demi-frère ou d'une demi-sœur. 7 étapes pour retrouver tes repères.

MISE SUR LE TEMPS.

Difficile de cohabiter avec des enfants et un adulte que tu ne connais pas encore très bien. Il va te falloir du temps pour t'adapter. Mais imagine après : vos repas de famille nombreuse, quelle joyeuse pagaille !

ACCEPTE DE CHANGER DE RANG.

Ton beau-père a un fils de 14 ans. C'est lui qui porte maintenant la couronne d'aîné et toi celle de petite dernière. Mais imagine : désormais, c'est à lui qu'on demande de descendre à la cave chercher du vin. Youpi !

PARTAGE TON ESPACE.

Il te faut faire de la place aux autres : dans la salle de bains, à table, parfois dans ta chambre. La galère. Imagine : de leur côté, les nouveaux arrivants n'ont aucun repère et, comme toi, ils sont un peu perdus. Dur pour eux aussi !

MODIFIE TON TRAIN-TRAIN.

Le week-end, l'aîné de ton beau-père qui vit avec sa mère dort à la maison, dans le salon. Adieu ton orgie télé de dessins animés avec tes sœurs et frères le dimanche matin. Mais imagine : vos plans balades le week-end, ta famille au complet. Plutôt chouette, non ?

ACCORDEZ-VOUS.

Vous n'avez ni le même âge ni la même personnalité. Heureusement, les règles de famille sont là pour éviter la zizanie. Et si besoin, au fur et à mesure, vous les réajustez. Imagine : terminés les hurlements devant la porte des WC. Désormais, interdiction de les squatter pour lire son magazine préféré. Tout est moins passionné entre vous. Cool !

APPRIVOISEZ-VOUS.

Les petits au manège avec ton beau-père, les plus grands au bowling avec ta mère. Mais aussi tous ensemble autour de crêpes le vendredi soir.

APPRÉCIEZ-VOUS.

Ton beau-père joue de la batterie. Toi tu apprends la guitare et sa fille le piano. C'est chouette de pouvoir parler musique tous les trois. Rien n'est parfait chez toi mais tu es de plus en plus fière de ta nouvelle tribu.

Dans ta famille mosaïque, comment réagir quand ça coince ?

MALÉDICTION : ET SI TON PÈRE NE T'AIMAIT PLUS ?

Tu es verte de jalousie. Ton père se montre super disponible avec les enfants de ta belle-mère !

Avoue : Elle aussi est là pour toi. Chacun d'entre eux se donne du mal pour créer une bonne relation avec les enfants de l'autre. Une chose est sûre : tu restes indétrônable dans le cœur de ton père.

LE PACTE D'UNE FRATRIE UNIE

Ta mère ou ton père est amoureux : bonne nouvelle pour toi !

- Un parent épanoui, c'est moins de pression sur tes épaules.

- Ton beau-parent est ton meilleur ambassadeur : il t'écoute et il appuie ta demande si elle lui paraît juste.

DÉCEPTION : TU DOIS PARTAGER TA CHAMBRE !

Oh non! Tu descends ta maxi peluche King Kong à la cave pour que la fille de ta belle-mère ait la place d'installer son armoire. Mais oui à vos échanges de secrets le soir dans le noir!

INFERNAL : TU NE T'ENTENDS PAS AVEC TA BELLE-MÈRE.

Tu ne supportes pas qu'elle te dise ce que tu as à faire : elle n'est pas ta mère! Oui mais tu vis sous son toit. Tu as le droit de ne pas l'aimer mais tu dois respecter son autorité. Si elle régente trop ta vie, donne des exemples concrets à ton père qui saura lui parler.

FRUSTRANT : IL FAUT SE SERRER LA CEINTURE.

Trop chère ta combi de plongée pour le budget de Noël de 5 enfants. Ta demi-sœur est déçue elle aussi : elle aura sa poupée mais sans sa maison. Ton lot de consolation : Quand tout le monde est logé à la même enseigne, les frustrations sont plus faciles à accepter.

Le sais-tu ?

Une future loi devrait donner de nouveaux droits aux beaux-parents comme celui de t'emmener chez le médecin généraliste à la place de ta mère ou de ton père. Si tes deux parents sont d'accord, ton beau-père ou ta belle-mère pourra même s'occuper de toi dans toute ta vie quotidienne.

ET PLUS *tard*, TA FAMILLE à toi...

Un jour, tu seras sans doute aux commandes de ta propre famille. Ton carnet de route pour la mener à bon port.

Dans vingt ans, ton quotidien de parent

Des robots pour jouer avec tes enfants ou aider mamie à se déplacer.

Des écrans numériques qui s'affichent sur les vitres et les miroirs de la maison.

Des transports ultra rapides pour les vacances : New York à 1 heure de Paris !

Découvre quel chef de clan tu seras.

Quiz

Choisis 3 messages à transmettre à tes futurs enfants parmi cette liste :

- ○ **A.** Protégez la planète.
- ○ **B.** Pratiquez une activité qui vous plaît.
- ○ **C.** Soyez solidaires des autres.
- ○ **D.** Faites le métier que vous aimez.
- ○ **E.** Voyagez.
- ○ **F.** Riez en famille.

AU MOINS 2 RÉPONSES PARMI A, C ET E.

Ta valeur phare : l'ouverture vers les autres.

C'est génial. Mais montre aussi à tes enfants qu'il faut savoir penser à soi. Permets-leur de petits bonheurs égoïstes comme un achat coup de cœur par exemple.

AU MOINS 2 RÉPONSES PARMI B, D ET F.

Ton message : faites-vous du bien !

Dans ta vie de parent, tu privilégies le plaisir en famille. Attention à ne pas élever tes enfants sous cloche ! C'est si enrichissant de découvrir d'autres modes de vie.

ET SI TU AS ENVIE DE TOUT COCHER ?

Tu veux le meilleur pour ta famille !

Mais ne perds pas de vue ce que tu sais maintenant : parfait ne rime pas avec parent.

citoyenne!
SHOPPING
best friends
SPORT
SANTÉ
LOVE
école
@
ECOLOGIE

Miss Cool
À l'école
OU DANS
la vie,
COMME
un poisson
DANS L'EAU

PROFS, *total* RESPECT

Avec tes profs, tes relations sont-elles toujours au top ? En tant qu'élève, tu as des droits mais aussi des devoirs !

L'objectif : bien vivre ta scolarité !

E COMME ENTENTE : COUP DE POUCE

Il t'arrive parfois de ne plus supporter un prof, de t'ennuyer dans ses cours car tu ne comprends plus rien... Prends les devants : demande à le rencontrer pour vous expliquer avec un de tes parents. **Astuce qui change tout :** revois ce professeur régulièrement (tous les mois) pour faire le point, c'est la clé de la sortie de crise !

UNE MISSION IDÉALE POUR UNE FILLE GÉNIALE

Fais-toi élire comme déléguée de classe ! Tu seras impliquée dans la vie de ta classe et tu pourras plus facilement engager le dialogue avec tes professeurs et tes copains. Tu apprendras aussi à défendre leur cause, t'investir dans le collectif et être à l'aise en public.

P COMME PHOBIE SCOLAIRE : ÇA EXISTE, MAIS C'EST TRÈS RARE

La phobie de l'école, c'est quand il devient impossible pour un élève d'aller en cours. Souvent, cette impossibilité est due à de grandes angoisses. Cela ne concerne que 1 jeune scolarisé sur 100. Rien à voir avec le coup de blues passager que tu peux ressentir !

S COMME SCOLARITÉ : OBLIGATOIRE !

En France, l'école est obligatoire jusqu'à l'âge de 16 ans et tes absences sont contrôlées par tes profs. Tes parents, de leur côté, doivent fournir un certificat pour les justifier (maladie, empêchement familial...). Tu n'as pas le choix, alors tâche d'en profiter !

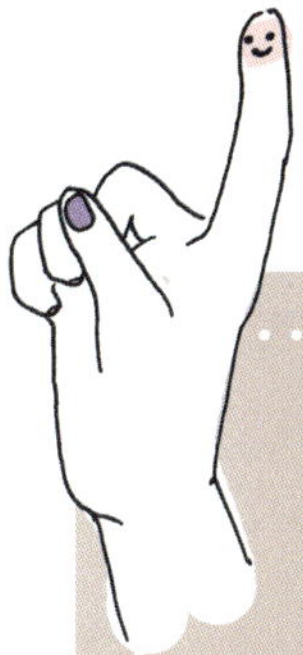

LES ÉVIDENCES À SUIVRE AU JOUR LE JOUR

Lève le doigt AVANT de prendre la parole.
Prends SOUVENT la parole.
Rends tes devoirs SANS RETARD.
Arrive chaque jour À L'HEURE.
Sois attentive, PAS DE BAVARDAGES.
Reste TOUJOURS polie même si parfois le prof t'exaspère.

Une MAUVAISE **note**, **ça** ARRIVE : PAS **génial !**

Tu as eu une mauvaise note, ce n'est pas la fin du monde ! Le tout est de faire en sorte que tes prochains résultats s'améliorent. Une fille géniale peut changer une mauvais note en mauvais souvenir.

Ne te crois pas nulle !
C'est ton devoir qui est noté, pas ton intelligence ni tes capacités.

Ne te voile pas la face !
Tu n'as pas assez travaillé ou alors tu n'as rien compris au cours ? Inutile de prétendre que cette matière est nulle, ce serait trop facile.

Demande de l'aide.
Quelques séances de révisions supplémentaires avec ton professeur ou un copain plus fort que toi, et tu te sentiras soutenue et moins seule.

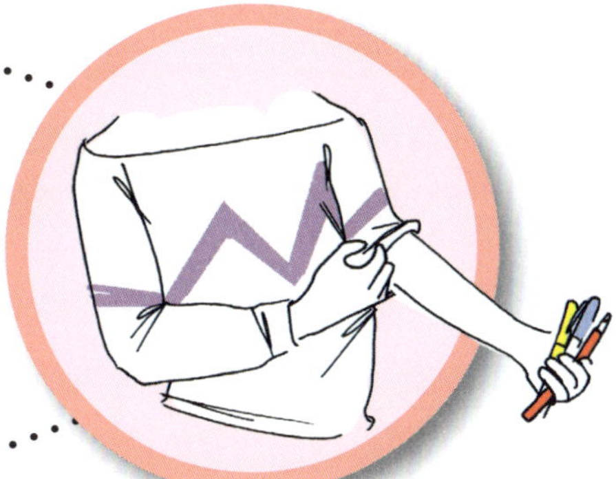

Ne baisse pas les bras !
Mets-toi au travail : relis ton devoir avec le corrigé pour comprendre ce que tu as loupé, puis refais les exercices sans la correction, un bon moyen de progresser.

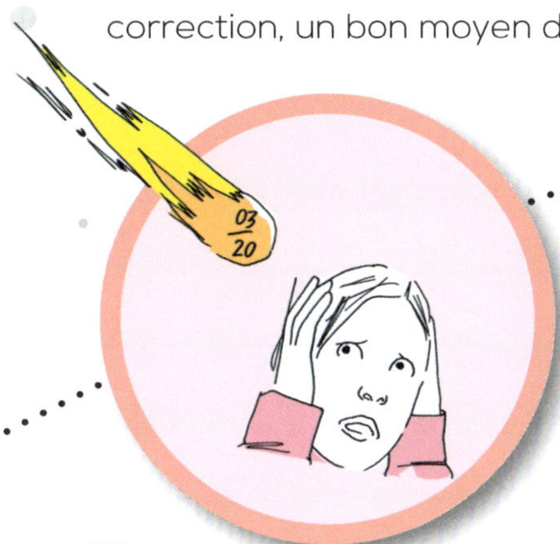

Ose en parler.
Ne cache pas ta mauvaise note, cela ne la fera pas disparaître ! Et tu risques de perdre la confiance de tes parents quand ils la découvriront.

Que fait une fille géniale ?

Elle recopie ses notes sur un graphique, avec une couleur différente par matière. Elle verra qu'elles ne sont pas toutes mauvaises. Et une bonne note fera remonter la courbe visiblement : de quoi l'encourager !

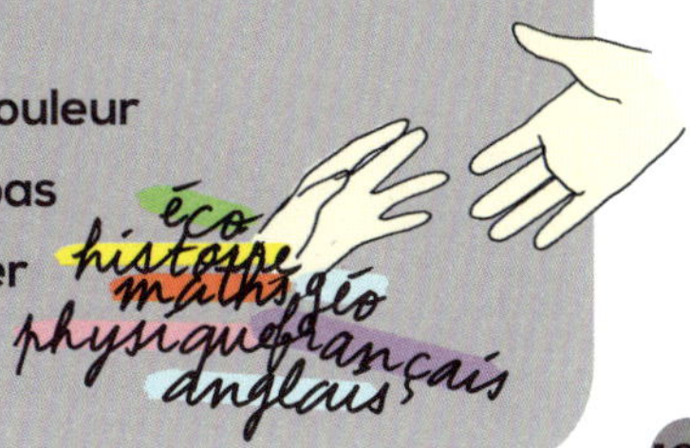

TRUCS *et* ASTUCES *pour être une élève au top*

Qui a dit qu'on ne s'amusait pas en apprenant ?

1 truc infaillible pour apprendre par cœur : connais-toi toi-même !

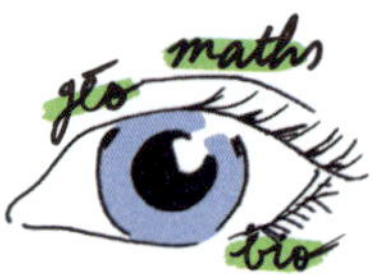

ES-TU VISUELLE ? Quand tu apprends ta leçon, tu « photographies » les mots, et quand tu la récites, tu vois ces lignes défiler devant tes yeux.

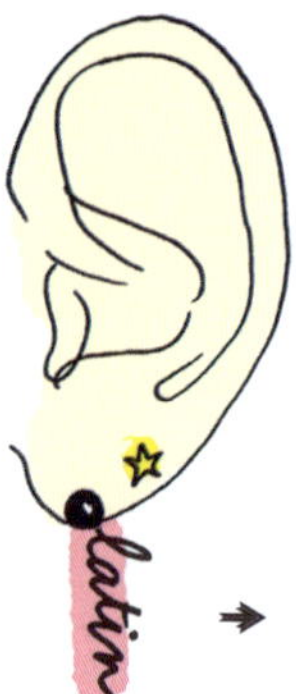

ES-TU AUDITIVE ? Quand tu apprends, tu « entends » les mots de la leçon, puis tu la récites en te la dictant dans l'oreille, comme une musique.

➔ **Repère comment tu fonctionnes, efficacité garantie sur la mémoire !**

2 astuces pour apprendre tes leçons au jour le jour

- **En duo.** Travaille avec une amie : chacune, à tour de rôle, interroge l'autre et joue au prof.
- **En solo.** Transcris ta leçon en dessins ou en schémas, elle sera plus facile à retenir.

2 plans infaillibles pour t'améliorer en langues

- Regarde les films ou tes séries préférées en version originale avec les sous-titres en français. Plongée directe dans le bain de la langue. Idéal pour attraper le bon accent !
- Cherche les traductions de tes chansons préférées et lis les paroles en même temps que tu les écoutes, puis entraîne-toi à les répéter avec le bon accent.

UNE FILLE GÉNIALE S'AMUSE EN APPRENANT

- **Elle joue à la chanteuse. Une poésie, c'est rythmé comme une chanson. Alors une fille géniale l'apprend et la récite en chantonnant au rythme des vers.**
- **Elle joue à la journaliste. Elle réécrit sa leçon d'histoire comme s'il s'agissait d'un reportage, puis elle s'enregistre au magnéto.**

OPÉRATION *confiance* EN SOI

**Quoi ? Tu doutes de toi parfois ?
Alors suis ces conseils pour faire grimper
ta confiance et élève géniale
tu deviendras...**

Plan d'attaque : une fille géniale sans stress, c'est mieux !

PRATIQUE DES EXERCICES DE RELAXATION.
Tu es parfois anxieuse et des pics de timidité peuvent t'affoler : allonge-toi chaque jour 10 minutes dans ta chambre et inspire profondément en gonflant ton ventre puis relâche très lentement ton souffle. Ensuite, détends un à un les muscles de ton corps en commençant par les orteils et en remontant jusqu'au sommet de ta tête.

APPRENDS À CANALISER TON STRESS.

Tu paniques à l'idée de réciter un texte en classe ? Exerce-toi devant une caméra. Grâce à la vidéo, tu pourras rectifier tes petits défauts : la voix trop rapide ou pas assez forte, les yeux sur les pieds, les gestes incontrôlés…

Tu gagneras ainsi en assurance. Puis, en cours, racle-toi la gorge et prends la parole sans accélérer le débit tout en regardant une amie en qui tu as confiance : son air bienveillant te portera, et quand tu te sentiras mieux, tu pourras regarder les autres élèves.

RIS PLUS SOUVENT.

Le rire chasse le stress : 1 minute de rire, c'est l'équivalent de 45 minutes de relaxation. Alors inspire et expire de façon saccadée en répétant « Ho, ho » puis « Ha, ha ». Tes muscles vont se relâcher et le rire viendra tout seul. Pratique cet exercice à plusieurs : fous rires garantis à tous les coups !

Le sais-tu ?

Quand tu ris, le nombre de globules blancs de ton sang augmente : ils protègent ton organisme, t'aident à t'ouvrir aux autres… Comme on ne rit plus que 6 minutes par jour en moyenne au lieu de 20 minutes il y a 50 ans, il est urgent de rigoler !

HALTE à la violence !

Humiliations, critiques, ignorance, harcèlement psychologique, injures verbales... Les actes de violence peuvent être de différentes natures. Tous sont interdits et doivent être sanctionnés.

Le racket, le vol

Le racket consiste à obtenir des objets ou de l'argent par la violence ou l'intimidation. Le vol signifie en plus une intrusion dans ton espace privé.

→ *Personne n'a le droit de fouiller dans ton sac ou de prendre tes affaires sans ta permission !*

Le vandalisme, les tags

Le vandalisme est un acte gratuit de destruction ou de dégradation des œuvres d'art, des objets de valeur, des édifices publics, etc. Les tags sont souvent considérés comme du vandalisme, même si leurs auteurs estiment qu'il s'agit d'art.

→ *Écrire sur les murs de la cantine ou graver ton nom sur les bureaux est interdit par le règlement de l'école.*

Le racisme

Le racisme est une attitude d'hostilité systématique à l'égard d'une catégorie de personnes déterminée par son ethnie, sa religion, etc. Il génère des sentiments de supériorité, de mépris, d'injustice ou d'exclusion.

➔ *Les injures racistes sont interdites par la loi.*

La maltraitance

Être maltraité, c'est recevoir des coups et des blessures mais aussi manquer de nourriture et de soin.

➔ *Ton corps est à toi ! Personne n'a le droit d'y toucher.*

Le jeu du foulard

Le jeu du foulard est une violence assez répandue chez les enfants entre 5 et 18 ans. Il consiste à retenir sa respiration pour frôler la perte de connaissance.

➔ *Il est responsable d'une dizaine de morts par an en France !*

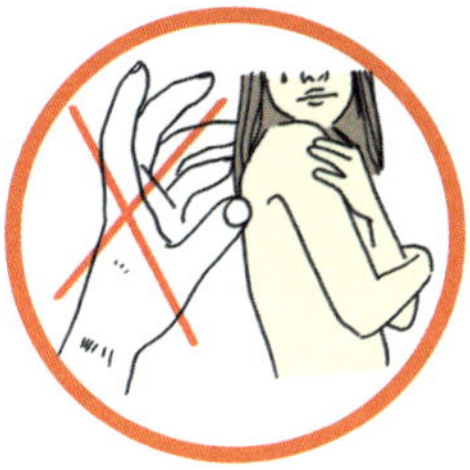

Les violences sexuelles

Les violences sexuelles sont des actes sexuels faits sans le consentement de l'autre.

➔ *1 enfant sur 10 en France est victime de violences sexuelles.*

La circulation d'images interdites

Les images qui montrent des violences ou des scènes vulgaires d'actes sexuels peuvent traumatiser.

➔ *Faire et diffuser des photos violentes est interdit.*

Tu peux être témoin d'actes d'agression envers un camarade. Que fait une fille géniale ? Une seule chose : le signaler à un adulte !

J'ai entendu la bande de frimeurs de l'école traiter le nouveau de « sale nègre » en rigolant. Il est parti en courant au fond de la cour, mais ils l'ont rattrapé et ont continué à l'insulter. Je l'ai dit au surveillant qui a averti la directrice. Les frimeurs ont dû faire des excuses au nouveau.

➔ Si tu assistes à un acte de violence dans la cour, appelle un médiateur : un adulte ou un élève influent dans le collège.

Ma meilleure copine d'école m'a confié un secret en me faisant promettre de ne rien dire. Mais je m'inquiète pour elle. C'est trop lourd pour moi ! Je n'en peux plus, j'y pense tout le temps ! Alors je vais le raconter à ma mère...

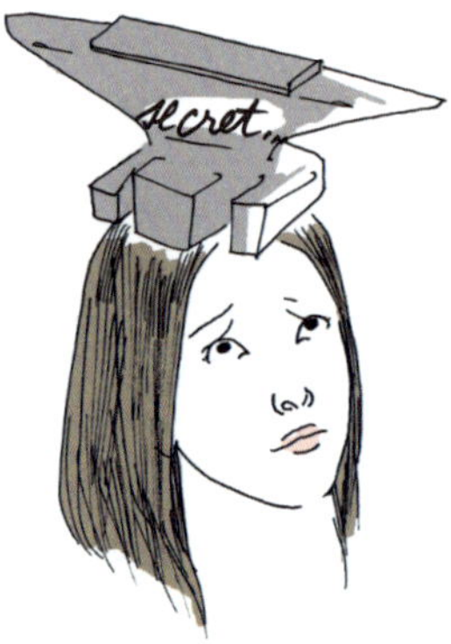

➔ Si tu te rends compte qu'une amie subit des moqueries, des menaces ou du racket, va voir un adulte en qui tu as confiance (directeur, CPE, professeur, infirmière) et parle-lui. Grâce à ton intervention, les violences pourront cesser et ton amie sera protégée par les adultes : les enseignants, ses parents et la police.

Vrai ou faux

La loi protège les enfants contre les violences.

Le vol est un délit passible de prison même pour les mineurs.

VRAI, mais les peines consistent plutôt à des travaux d'intérêt général.

À l'école, il est possible de tenir des propos racistes.

FAUX (c'est absolument interdit et puni par le règlement de l'école ou du collège).

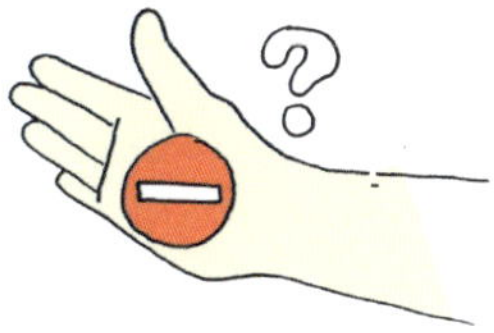

Les parents de Clarisse lui ont donné une gifle. C'est une maltraitance.

FAUX tant que cela reste exceptionnel et que cela ne provoque pas de blessure (les enseignants, eux, n'ont jamais le droit de frapper un enfant).

Que fait une fille géniale ?

- Elle demande à faire un exposé sur la violence pendant les cours d'éducation civique suivi d'un sondage : « Que fais-tu quand tu assistes à une bagarre ? », « C'est quoi pour toi la violence ? » Ainsi chacun s'interrogera.
- Elle demande à la directrice d'organiser une journée non-violence.
- Elle demande à son professeur principal de faire venir des policiers au collège. Ils sensibiliseront les élèves à la lutte contre la violence.

VIOLENCE À LA *maison* : les SOLUTIONS

Il existe des familles dans lesquelles des mères ou des enfants sont maltraités. La loi protège ces victimes.

SOS mères violentées

Ce qui se passe : Un parent, en général la mère, est frappé ou harcelé par son compagnon.

Pour les protéger : Les services sociaux de l'État aident les mères et leurs enfants à trouver un nouveau toit. Le mari violent risque la prison selon la gravité de ses actes.

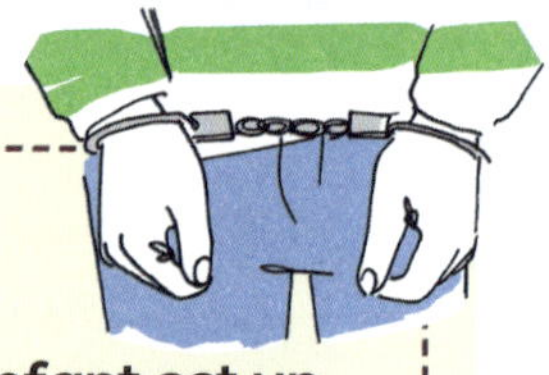

Le sais-tu ?

La Convention internationale des droits de l'enfant est un traité signé par de très nombreux États. Il affirme entre autres le droit de tout enfant à être protégé de la violence.

Des chiffres inquiétants

En France, 1 à 2 enfants maltraités meurent chaque jour.

1 femme décède tous les 2 à 3 jours de violences conjugales.

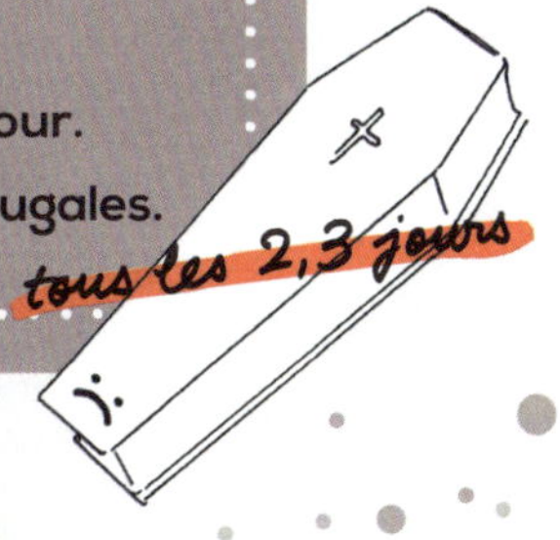

Stop aux enfants maltraités

Ce qui se passe : Un parent administre à son enfant de très grosses fessées ou il se comporte comme si son corps lui appartenait. Or, personne n'a le droit de te toucher d'une façon qui ne te convient pas.

Pour les protéger : C'est aux adultes de briser le silence s'ils sont témoins de ces actes. Ils doivent appeler un numéro spécial : le 119. Les enfants maltraités peuvent aussi le composer, mais très souvent, ils ont honte ou ils se sentent coupables de dénoncer un parent qu'ils aiment.

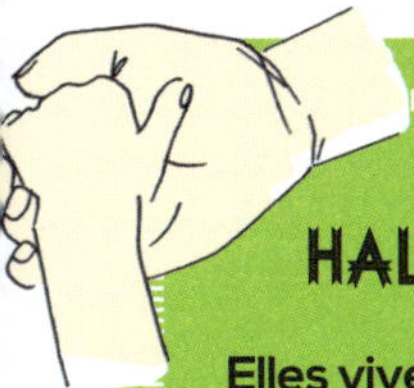

HALTE À LA SOLITUDE DES PERSONNES ÂGÉES

Elles vivent seules et isolées parce que leur conjoint est mort ou parce que leur famille ne vient plus les voir. C'est une forme de violence qu'elles subissent. Des bénévoles leur rendent parfois visite ou organisent des sorties. Autour de toi, il y a forcément des personnes âgées dans ce cas. Un brin de causette avec toi et leur journée s'illumine !

FAMILLES EN DÉTRESSE, *mobilise-toi !*

En France, toutes les familles n'ont pas les moyens de manger trois repas par jour, de se vêtir correctement ou d'accéder à un toit.

3 idées pour les soutenir et passer à l'action

TRIE TES VÊTEMENTS DEVENUS TROP PETITS.
Certains de tes habits, encore en bon état, ne te vont plus ? Au boulot : fais des ballots ! Avec l'aide de tes parents, porte-les à une association qui les remettra à des familles démunies. Des adresses à collecter par exemple sur
www.emmaus.france.org ou *www.croix-rouge.fr*

BÉBÉS RESTOS

L'association « Les Restos du Cœur », c'est au moins 130 millions de repas distribués à un million de personnes en 2013. Mais c'est aussi 85 « Restos Bébés du Cœur » avec en prime une tonne de conseils pour leurs parents.

AVEC TA MÈRE OU TON PÈRE, FAIS UN DON D'ALIMENTS UTILES AUX FAMILLES DANS LE BESOIN.

Chaque dernier week-end de novembre, dans les magasins d'alimentation, une collecte est organisée par une association, la Banque alimentaire. À cette occasion, propose à tes parents de rajouter des produits non périssables dans leur panier de courses, par exemple des pâtes ou du sucre. Une fois passés en caisse, vous les remettez aux bénévoles de l'association présents dans le magasin.

DEMANDE À TES PARENTS D'ACCUEILLIR UN ENFANT CHEZ TOI PENDANT LES VACANCES.

Vous jouez au foot ou vous faites du vélo ensemble. Tu le présentes à tes copains : ils constatent qu'aider d'autres enfants, c'est chouette et pas si compliqué.

À contacter, le Secours populaire : *www.secourspopulaire.fr*

Le sais-tu ?

En 2013, l'équivalent de 25 millions de repas ont pu être récoltés à l'occasion de la journée nationale de la collecte alimentaire.

ÊTRE polie, c'est FURIEUSEMENT tendance !

La politesse, ce n'est pas du tout ringard, au contraire ?

Les 3 règles d'or d'une FPI (Fille Parfaitement Infaillible)

Tenir la porte à celui qui te suit (parent, prof, voisin) ➔ Ça peut éviter les accidents malencontreux et c'est TOP CLASSE !

Tu as emprunté des affaires à une copine ➔ LAVE-LES avant de les lui rendre !

Les petits mots polis (« s'il te plaît », « merci », « bonjour ») ➔ Tu les connais tous... alors UTILISE-LES !

À table ! Les erreurs impardonnables à ne pas commettre

➜ Piocher dans le plat principal avec ta fourchette, *même si ça te fait envie.*

➜ Remplir ton verre à ras bord, *même si ça fait rire ton petit frère.*

➜ Couper la pointe du fromage, *même si c'est pratique.*

➜ Manger la bouche grande ouverte, *même si c'est moins fatigant.*

➜ Faire un rot à la fin du repas, *même si c'est une marque de contentement dans certains pays.*

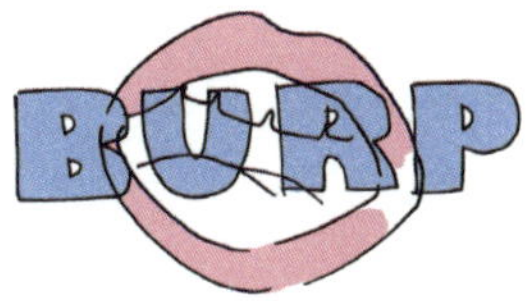

Truc farfelu de la fille géniale pour ouvrir la « tirelire à gros mots » sans en avoir l'air

Qu'est-ce que c'est bon de se lâcher de temps en temps... mais débiter les mêmes jurons que tout le monde, c'est d'un banal ! Alors une fille géniale invente ses gros mots, ni vu ni connu.

Suggestions :

- quand tu te fais mal : « Crotte de bouse de vache ! » « Pipi de crabe pourri ! »
- quand tu es en colère : « Crachat d'épinard gluant ! »

Le sais-tu ?

TUTOYER OU VOUVOYER ? C'EST DU GÂTEAU !

Les adultes disent « tu » aux enfants, mais les enfants ne sont pas autorisés à tutoyer les adultes sauf leurs parents et certains de leurs amis ! En cas de doute, tu vouvoies et tu attends qu'on t'autorise à tutoyer.

LA reine DE LA diplomatie

Pour gérer les problèmes, il faut du doigté et une grande sensibilité. Mais une fille déjà parfaite n'en manque pas…

Es-tu une bonne apprentie diplomate ?

TA MEILLEURE AMIE A FAIT UNE BÊTISE ET N'OSE PAS L'AVOUER… HELP !

Sers-lui de porte-parole. Intervenir en son nom est plus facile. Mais à charge de revanche : la prochaine fois que tu te trouveras en mauvaise posture, ce sera à elle de t'aider !

DEUX BONNES COPINES SE DISPUTENT DEVANT TOI. HOULÀ !

Éclipse-toi, même si tu adorerais rester et écouter… Reconnais-le : ce qu'elles se disent ne te regarde pas.

TU TE FAIS CRITIQUER. AÏE !

Écoute la critique jusqu'au bout car tu sais bien au fond que cela t'éclairera même si ce n'est pas facile à entendre. Alors, ne prends pas la poudre d'escampette !

Mais la diplomatie, c'est parfois une affaire délicate.

UNE DIPLOMATE PEUT SE SENTIR TIRAILLÉE.
Paloma et Sofia sont en désaccord et elles te demandent de quel côté tu es. Pas facile de choisir son camp, mais rester neutre est sûrement le pire chemin à suivre. Alors donne un avis sincère en montrant que tu tranches sur le fond et que cela n'a rien à voir avec vos liens d'amitié.

LES RÉSULTATS DE TES NÉGOCIATIONS TARDENT PARFOIS À VENIR.
Si tu sais être patiente, tu verras germer le fruit de ton travail de négociatrice.

SERVIR D'INTERMÉDIAIRE, CE N'EST PAS PORTER TOUS LES SOUCIS DES AUTRES.
Tu joues les diplomates, soit, mais tu dois te garder de prendre en charge les petites et grosses misères de tes proches. Protège-toi et ne leur donne pas l'impression que tu peux tout pour eux.

Que fait une fille géniale ?

Pose le problème. Un souci difficile à arbitrer ? Prends une feuille de papier et fais deux listes : ce qui est positif et ce qui est négatif. Cela t'aidera à y voir plus clair.

Apprends à dire non. Une requête qui t'embarrasse ? Mieux vaut dire non tout de suite plutôt que tourner autour du pot : tes interlocuteurs pourraient croire que tu es prête à accepter et un refus tardif sera d'autant plus décevant.

Évite de t'engager en toute occasion. Des disputes dans la cour de récré ? Laisse les professeurs ou les surveillants s'en charger. Ils ont toute autorité pour intervenir, pas toi !

Toi et la planète, l'accord parfait

Halte au gaspillage ! Une fille géniale sait préserver les ressources de sa planète et vivre au quotidien comme une éco-citoyenne responsable.

Jeter le papier et le verre avec les déchets ménagers, c'est dépassé !
Adopte le réflexe tri sélectif et installe un compost dans ton jardin ou avec les autres habitants de ton immeuble. Le papier est recyclable cinq fois et le verre à l'infini.

Éteindre les lumières quand tu quittes une pièce, c'est malin !
Éviter le gaspillage baissera la consommation d'électricité de ta maison de 10 % et tes parents dépenseront moins d'argent.

Prendre un bain ou laisser l'eau couler pendant que tu te brosses les dents, c'est inutile !
Prends plutôt des douches ! C'est 180 litres d'eau économisés par jour rien que pour ta consommation.

Déposer les courses au hasard dans le placard, c'est idiot !
Ranger les aliments les plus récents derrière les plus anciens dans les placards évitera de jeter des boîtes périmées oubliées : 30 % des denrées sont jetées avant d'être consommées.

Aller au cours de danse seule dans la voiture de tes parents, c'est égoïste !
Organise le covoiturage avec tes amies pour aller au cours de danse. Avec le covoiturage, les frais de transport sont en moyenne divisés par 4.

Que fait une fille géniale ?

Elle invite ses amies et ses voisines à un troc géant chez elle : jouets, vêtements, accessoires de déco, bijoux… La foire aux échanges réduira le volume de vos poubelles. La planète lui dira merci et, le lendemain, elle s'habillera avec des habits échangés avec ses copines. Trop classe !

TU T'ENGAGES… à fond PASSION !

Tu veux faire profiter ton entourage de cette énergie qui déborde en toi. 100 % de ceux qui ont réussi ont agi, alors pourquoi pas toi ! Mais comment choisir ?

Si c'est l'heure du journal télévisé et que tu le suis de bout en bout…

Ça veut dire que tu es passionnée d'infos.
Que peux-tu faire ? Crée le journal de ton collège ou de ton école.
Comment ? Va voir ta maîtresse ou ton professeur de français ou d'histoire. La marche à suivre pour créer ton journal se trouve sur le site du CLEMI (Centre de liaison de l'enseignement et des médias d'information).

Cela existe déjà ? Oui, dans de nombreux établissements en France. Alors, si un journal est édité dans ton école, rejoins l'équipe rédactionnelle !

Si tu es toujours au cœur de tout ce qui se passe au collège...

Ça veut dire que tu t'intéresses aux autres.
Que peux-tu faire ? Deviens médiatrice dans ton collège.
Comment ? Propose à tes professeurs ou ton CPE de créer ce service pour aider au règlement des petits tracas du quotidien. Une bagarre, un conflit ? Le groupe de médiateurs favorise la discussion entre les deux parties, vous établissez un accord, vous faites le point quelque temps plus tard...
Cela existe déjà ? Oui. En général, ce sont des collégiens médiateurs qui règlent les conflits entre élèves de primaire.

Quand les adultes parlent de politique, si leur conversation t'intéresse...

Ça veut dire que la gestion de ton pays ou de ta ville te concerne.
Que peux-tu faire ? Rejoins le conseil municipal des enfants de ta ville.
Comment ? Le conseil municipal des enfants se réunit plusieurs fois par an et cherche des améliorations à apporter en faveur des jeunes : équipements sportifs et règlements de ta ville.
Si cela n'existe pas encore ? Renseigne-toi sur le site de l'Association nationale des conseils d'enfants et de jeunes : www.anacej.asso.fr

DANS TON *quartier* : *mets* L'AMBIANCE

Dans ton quartier, il se passe toujours quelque chose. Lance-toi dans un tourbillon de festivités !

Tes rendez-vous à ne pas manquer

FÉVRIER/MARS

Carnaval de ta ville. Prête pour le défilé !

MARS/AVRIL

Le lundi de Pâques. Vive la chasse aux œufs !

DERNIER VENDREDI DE MAI OU 1ER VENDREDI DE JUIN

Le Téléthon. Pour relever un défi en famille, https://coordination.telethon.fr

21 JUIN

Fête de la Musique : et si tu sortais ta flûte ou ton harmonica pour un concert improvisé ?

31 OCTOBRE

Halloween. Sors ton balai du placard.

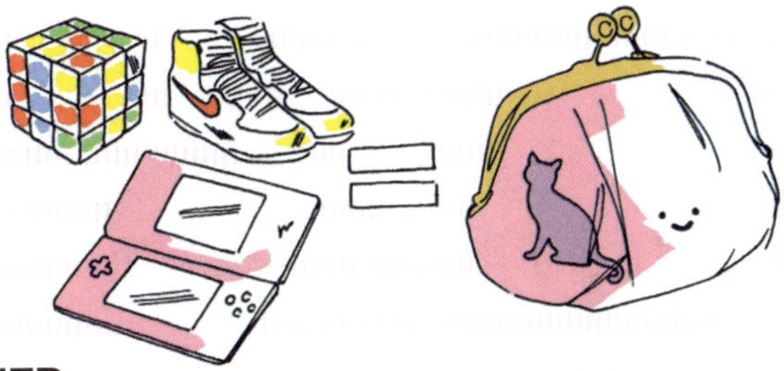

À toi de jouer !

LE VIDE-GRENIERS DE TON QUARTIER

Quand ? En général au printemps ou en été, rarement en hiver.

1. Demande à ta mère de vous y inscrire via le site de ta mairie.

2. Jeux, livres, habits : de la cave au grenier, déniche des trésors à vendre !

3. Procure-toi une planche et des tréteaux.

4. Prévois pièces et billets pour rendre la monnaie.

LA FÊTE DES VOISINS

Quand ? Fin mai.

1. Imprime des flyers sur le site immeublesenfete.com pour inviter tes voisins : rendez-vous dans la cour de ton immeuble ou dans ton jardin.

2. Fais préciser à chacun ce qu'il pourra amener : un plat salé ou sucré et des chaises par exemple.

3. De jolies nappes en papier sur les tables, et de petits bouquets dans des gobelets. Que la fête commence !

TA RÉFÉRENCE : le site de ta mairie ! Pour y dénicher toutes les infos sur les événements de ta ville, par exemple sur le marathon en famille qu'organise une association.

Des petites FOLIES pour rendre LA VIE plus jolie

Deviens une magicienne (presque parfaite) et rends ta vie et celle des gens que tu aimes aussi jolie que dans un conte de fées !

LA MAGICIENNE DES SOUHAITS

Pose une branche d'arbre dans un vase rempli de sable. Demande à chaque personne qui vient dans ta maison de rédiger un vœu, de le rouler en forme de tube et de l'accrocher sur ta branche avec une ficelle. Ce sera toi la gardienne des souhaits. Un souhait rédigé est à moitié exaucé !

LA MAGICIENNE DES COULEURS

Dépose devant ta fenêtre un vase transparent plein d'eau. Lorsqu'un rayon de soleil frappera la vitre, il formera un arc-en-ciel au sol. De quoi illuminer ta maison de couleurs !

LA MAGICIENNE GOURMANDE

Propose à tes amies de déposer, chaque mois, une petite somme (1 ou 2 euros) dans une tirelire géante. À la fin de l'année, au mois de juin, vous cassez la tirelire et vous vous offrez un goûter d'exception à partager !

LA MAGICIENNE DES PASSIONS

Une fois par mois, réunis quelques amies pour partager vos coups de cœur : films, livres, chansons. Vous jouez les journalistes critiques et vous présentez à tour de rôle ce que vous avez aimé. Obligation d'arriver à chaque réunion avec un coup de cœur à partager. Débats passionnés au programme !

Retrouve les titres de la collection « Bulle d'air »

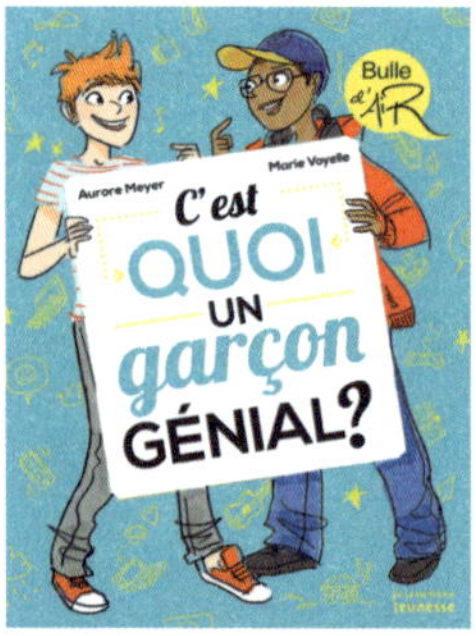

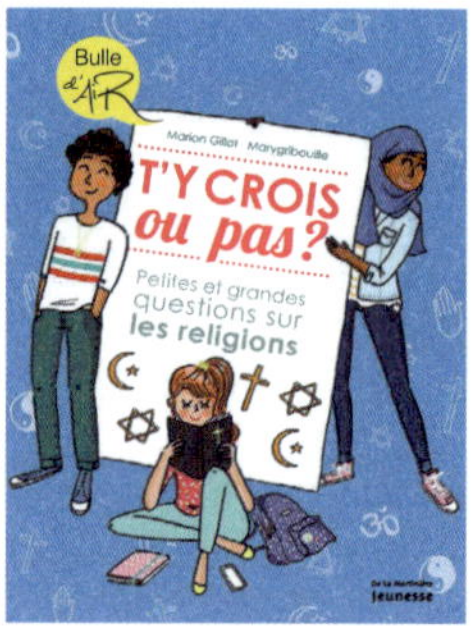

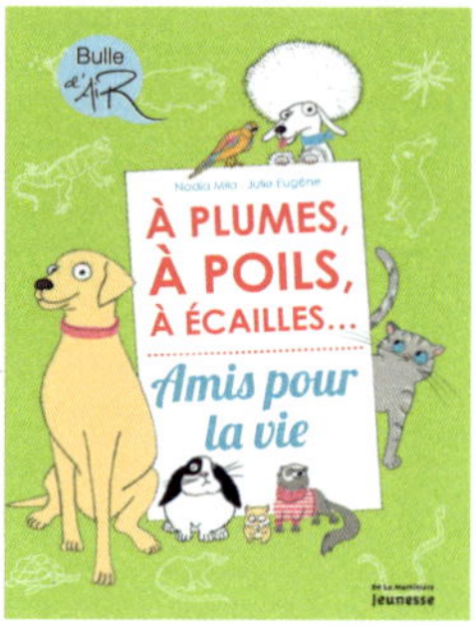

Achevé d'imprimer en Espagne en janvier 2017